Sicher zur Rechtschreibung

Ein Lehrgang in Nachschriften

Arbeitsheft für das
6. Schuljahr

Günter Gramsamer
Franz Holzner

Ernst Klett Verlag
Stuttgart Düsseldorf Leipzig

Inhaltsverzeichnis

Seite

Brief an die Schülerinnen und Schüler ... 3

Arbeitstexte und Übungen zu den Lernwörtern

- Sehen und gesehen werden ... 4
- Spaß an Versuchen ... 6
- Problem Fernsehen ... 8
- Ein Freundschaftsdienst ... 10
- „Das Meer geht nach dem Mond." ... 12
- Im Hamburger Hafen ... 14
- Hunde als Geschenk ... 16
- Verteidigung einer Burg ... 18
- Stadtbewohner ohne Bürgerrechte ... 20
- Ein frommes Leben ... 22
- Fit durch richtiges Essen! ... 24
- Grenzen ... 26
- Kennst du diese Blume? ... 28
- Am Moor ... 30
- Fünf Sekunden vor zwölf! ... 32
- Liebe Sylvia! ... 34

Übungen zum Nachschlagen im Wörterbuch

- Alphabetische Ordnung der Wörter ... 36
- Auskünfte des Wörterbuches ... 37
- Gebeugte Formen nachschlagen ... 39
- Nachschlagewerke vergleichen ... 41

Wortlistentraining

- Wörter mit „ä" und „äu" ... 42
- Wörter mit Endsilben ... 43
- Verben mit der Endung „-ieren" ... 44
- Adjektive mit „ig" und „-lich" ... 45
- Wörter mit „end-" und „ent-" ... 46
- „Paar" oder „paar"? ... 47
- Adjektive als Teil eines Namens ... 48

Zusätzliche Übungsvorschläge ... 49

Zügig und sauber schreiben ... 50

Liste der Lernwörter für das 6. Schuljahr ... 51

Wortschatz der Arbeitshefte für die Jahrgangsstufen 1–5 ... 53

Hinweise für Lehrerinnen und Lehrer ... 57

Textquellenverzeichnis

S. 23: Josef Greil, Schulwortschatz neu, Oldenbourg Verlag, München 1982 – **S. 37:** Schülerduden Rechtschreibung und Wortkunde, Bibliographisches Institut, Mannheim ^{3}1984 – **S. 38:** FIDIBUS, Deutsches Wörterbuch 5–10, Ernst Klett Schulbuchverlag, Stuttgart 1990 – **S. 39:** Josef Greil, Schulwortschatz neu, Oldenbourg Verlag, München 1982 – **S. 40:** Schülerduden Rechtschreibung und Wortkunde, Bibliographisches Institut, Mannheim ^{3}1984 – Max Essner/Manfred Jungke/Friedrich Essner, Richtig schreiben, Schroedel Verlag, Hannover ^{28}1973 – Fritz Kappe/Heinrich Maiworm/Wolfgang Menzel, Unser Wortschatz, Westermann Verlag, Braunschweig 1976 – Josef Greil, Schulwortschatz neu, Oldenbourg Verlag, München 1982 – Lexikonredaktion des Bibliographischen Instituts unter Leitung von Gisela Preuß, Das Wissen von A–Z, Ein allgemeines Lexikon für die Schule, Mannheim ^{2}1986

Bildquellenverzeichnis

S. 4: © Verlag Heinrich Vogel, München – **S. 6, 8, 10:** Werkstatt Photographie Neumann und Zörlein, Stuttgart – **S. 12, 14:** Bildagentur Mauritius, Mittenwald/Frankfurt/Wien – **S. 16:** H. Winter – Anthony Verlag, Starnberg – **S. 18:** Große Heidelberger Liederhandschrift (Codex Manesse), Universitätsbibliothek, Heidelberg (Cod. Pal. Germ. 848 fol. 254 r.) – **S. 20, 22:** Archiv für Kunst und Geschichte, Berlin – **S. 24:** Bildagentur Mauritius, Mittenwald/Frankfurt/Wien – **S. 26:** I. Ortelt, Stuttgart – **S. 28:** Freytag – Anthony, Anthony Verlag, Starnberg – **S. 30:** Bildagentur Mauritius, Mittenwald/Frankfurt/Wien – **S. 32:** Krautwurst – Anthony, Anthony Verlag, Starnberg – **S. 34:** Bildagentur Mauritius, Mittenwald/Frankfurt/Wien

Grafik und Montage: Günter Bosch, Stuttgart

Gedruckt auf Recyclingpapier,
hergestellt aus 100 % Altpapier.

4. Auflage

A 4 9 8 7 6 | 2003 2002 2001

Die vorliegende Auflage ist gegenüber den vorherigen Auflagen inhaltlich geringfügig verändert. Die letzte Zahl bezeichnet das Jahr dieses Druckes.

Internetadresse: http://www.klett-verlag.de
Umschlag: M. Muraro
Druck: Gutmann + Co. GmbH, 74388 Talheim. Printed in Germany.
ISBN 3-12-219280-2

Liebe Schülerin, lieber Schüler,

dieses Heft hilft dir, Wörter, die du in deinem Alter häufig gebrauchst, richtig und sicher schreiben zu lernen.

Rund 270 Lernwörter, die in insgesamt sechzehn Texten enthalten sind, kannst du ausgiebig üben, ehe deine Lehrerin oder dein Lehrer dir den Text in leicht veränderter Form als Nachschrift diktiert.

Eine Reihe von Übungen dienen der Wiederholung von Wörtern, die du schon einmal gelernt hast. Wenn dir bei diesen Wörtern trotzdem noch Fehler passieren, solltest du dir für sie eine Trainingsliste anlegen, wie sie dir auf Seite 49 gezeigt wird.

Viele Lernwörter mit rechtschriftlichen Besonderheiten, auch Fachbegriffe und Fremdwörter sowie Wiederholungswörter sind in Wortlisten für ein weiteres Training zusammengestellt.

Einige Seiten des Arbeitsheftes machen dich sicherer im Gebrauch von Wörterbüchern.

Die in den Aufgabenstellungen verwendeten grammatischen Fachbegriffe findest du auf Seite 52 erklärt.

Von Zeit zu Zeit wird dir deine Lehrerin oder dein Lehrer Wörter diktieren, die du nur in vorgegebene Lückentexte einzusetzen brauchst. Dabei erfährst du, ob du die geübten Wörter der Texte auch nach längerer Zeit noch richtig schreiben kannst.

Davor brauchst du gar keine Angst zu haben, denn du hast sie ja bis dahin oft geübt und wiederholt.

Im Heft findest du häufig diese beiden Zeichen. Sie bedeuten:

Du sollst diese Aufgabe zuerst mündlich lösen, dabei genau auf die Wörter hören und sie dann aufschreiben.

Im Arbeitsheft ist nicht genug Platz zum Schreiben. Löse diese Aufgabe im Übungsheft.

Und nun viel Spaß und guten Erfolg!

Günter Gramsamer

Franz Holzner

Sehen und gesehen werden

An grauen, trüben Herbsttagen mit Regen und Nebel passieren oft viele schreckliche Verkehrsunfälle.
Häufig sind daran Verkehrsteilnehmer schuld, die entweder schnell fahren oder überhaupt die Gefahren bei derartigem Wetter unterschätzen. Fußgänger und Radfahrer sind an solchen Tagen und bei Finsternis besonders gefährdet. In einem dunklen Anorak oder Pullover sind sie für Autofahrer nur schwach oder gar nicht erkennbar. Helle Kleidung, am besten aus leuchtendem Material, ist deshalb ein wirksamer Unfallschutz.
Vorsichtige Radfahrer kontrollieren vor jeder Fahrt, ob die Lampe und das Rücklicht in Ordnung sind.
Rundfunk, Fernsehen und Plakate informieren uns ständig über richtiges Verhalten im Straßenverkehr.

---

1 Diese Wörter kennst du bereits aus den vergangenen Schuljahren. Sie sollten dir beim Schreiben keine Schwierigkeiten bereiten. Sprich sie halblaut für dich und schreibe sie in dein Heft ab. Vergleiche sie miteinander.

Herbsttag Fußgänger Unfallschutz Rücklicht Radfahrer Lampe teilnehmen
schrecklich vorsichtig unterschätzen leuchtend Straßenverkehr Autofahrer Kleidung
Regen Ordnung Wetter entweder schnell

2 Auf Seite 49 dieses Heftes findest du Übungen für die Wörter, bei denen du nicht mehr sicher bist. Lass dir von deiner Lehrerin/deinem Lehrer bei der Auswahl der Übungen helfen.

3 Diese Wörter des Textes sind deine neuen Lernwörter:

Lies die neuen Wörter laut und leise.
Unterstreiche sie im Text und vergleiche sie miteinander.

4 Schreibe die Nomen mit dem Artikel alphabetisch auf.

____

____

5 Ein „Lernwort" besteht aus zwei Wörtern. Schreibe sie hier auf: ______________________

6 Ordne die restlichen zehn Lernwörter in vier Spalten:

4 Buchstaben	7 Buchstaben	9 Buchstaben	mehr als zehn Buchstaben

7 Wie heißen diese acht Lernwörter?

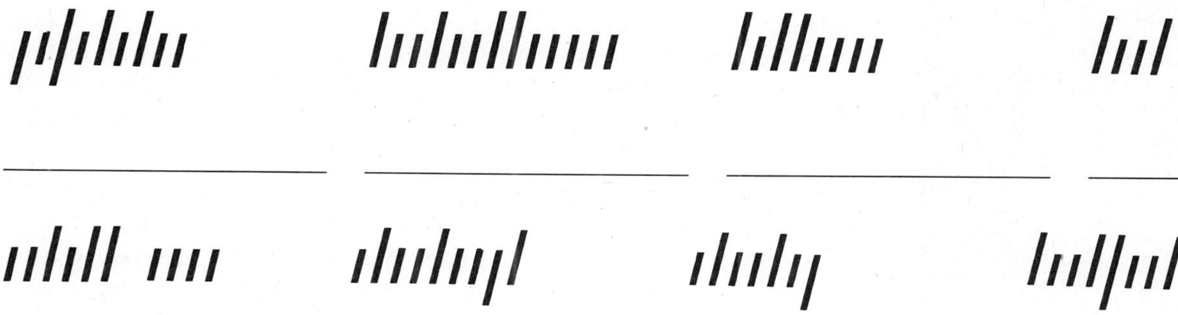

8 Trenne die Lernwörter. Welche gehören in die Spalten? Lege dir in deinem Heft eine solche Tabelle an.

mit 2 Silben	mit 3 Silben	mit 4 Silben

9 Schreibe die folgenden Wörter vollständig auf. Sprich sie deutlich.

über　　*gefä en*　　*infor en*　　*kon en*

10 Kurze Wörter. Baue sie zusammen.

g r au　　*l e l h*　　*w sch ch a*　　*t b ü r*

11 Unterscheide Groß- und Kleinschreibung

Der Mopedfahrer ist **schuld** am Unfall.	Der Mopedfahrer trägt die **Schuld** am Unfall.

Nach Meinung des Trainers war der Torwart SCHULD an der Niederlage.
Nach Meinung des Trainers traf den Torwart die SCHULD an der Niederlage.
Der Torwart war der Meinung ihn treffe keine SCHULD.
Der Torwart sagte, er sei nicht SCHULD an der Niederlage.
Die Fans gaben allein dem Trainer die SCHULD an der Niederlage.

Vergleiche, erkläre und schreibe richtig ab. Suche selbst weitere Beispiele.

12 Groß- und Kleinschreibung. Ordne die Wortgruppen mit Pfeilen richtig zu und schreibe die Sätze in dein Heft.

Evi	wartet	geduldig an der Ampel.
Geduldiges	Warten	an der Ampel ist vorbildhaft.
Ich	Verhalten	mich im Straßenverkehr richtig.
Richtiges	verhalte	ist im Straßenverkehr wichtig.
Peter	überquert	vermindert das Unfallrisiko.
Rasches	Überqueren	rasch die Straße.
Silvia	Fahren	mit dem Fahrrad macht Freude
Sicheres	fährt	sicher mit ihrem Fahrrad.

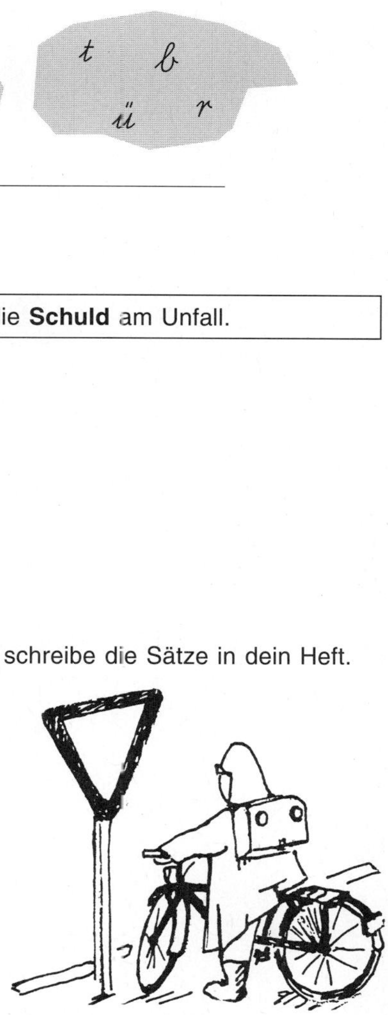

13 Lies den Text mehrmals laut vor. Teile die Sätze durch senkrechte Striche in Wortgruppen, die du dir für das Abschreiben merken kannst (z. B. so: An grauen, trüben Herbsttagen/mit Regen und Nebel...). Diktiere dir die Nachschrift in Wortgruppen und schreibe sie in dein Heft. Überprüfe, ob du keine Fehler gemacht hast.

Spaß an Versuchen

Heike hatte befürchtet, der Unterricht in Physik und Chemie würde recht langweilig. Ihre Bedenken waren jedoch rasch zerstreut. Schon bald freute sie sich auf die Stunden, in denen aus praktischen Versuchen wichtige Naturgesetze abgeleitet wurden. Zu Hause probierte Heike manchen Versuch noch einmal, was ihre Eltern zufrieden beobachteten.

Einmal vermischte sie Salz und Wasser in einem Glas und erhitzte die Lösung in einer Pfanne. Nachdem sich das Wasser in Dampf verwandelt hatte, blieb das Salz zurück. Von diesem Moment an glaubten Heikes Geschwister fast sie könnte zaubern. Als sie dann aber an einer brennenden Kerze den Weg der Lichtstrahlen überprüfte, geriet ihre Mutter in helle Aufregung. Sie fürchtete, Heike würde mit ihrer Versuchsfreude noch das Haus anzünden.

Diese Wörter sind nicht neu für dich:

fürchten Unterricht wichtig Natur beobachten Gesetz Lösung brennen Eltern prüfen freuen erhitzen Wasser ableiten

1 Diktiert euch diese Wörter gegenseitig. Schlagt die Wörter, bei denen ihr nicht mehr sicher seid, im Wörterbuch nach. Schreibt Wortableitungen ab, zum Beispiel: fürchten, die Furcht …

2 Das sind die Lernwörter dieses Textes:

Lies diese Wörter deutlich und fahre sie nach. Achte bei den Wörtern „Physik" und „Chemie" auf den Unterschied zwischen Sprechen und Schreiben.

3 Suche die Lernwörter im Text und unterstreiche sie. Sprecht über Unterschiede, die ihr feststellt, besonders bei „mischen" und „streuen".

4 Schreibe die vier Sätze ab, in denen jeweils drei Lernwörter vorkommen. Unterstreiche die Lernwörter.

5 Welche Lernwörter haben eine gleiche oder ähnliche Bedeutung? Ordne sie zu.

Augenblick	nützlich	versuchen	Naturlehre	verändern

6 Erkennst du die Lernwörter in der Geheimschrift?

Stelle selbst weitere Lernwörter in Geheimschrift dar und lass sie von deiner Partnerin/deinem Partner lösen.

7 Diese Silben ergeben acht Lernwörter:

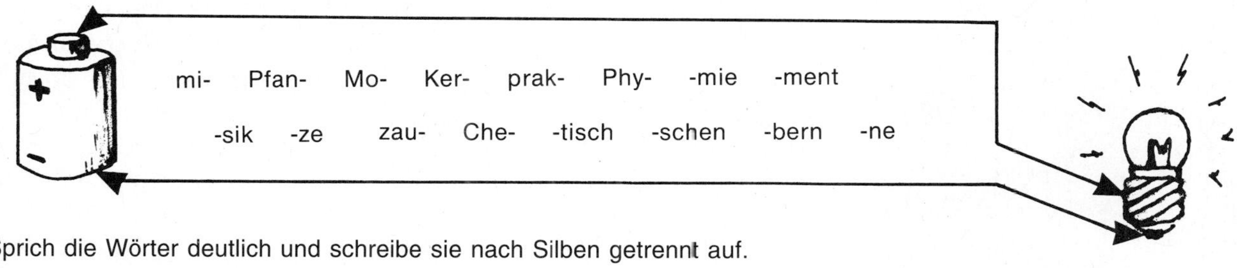

a Sprich die Wörter deutlich und schreibe sie nach Silben getrennt auf.

ein Konsonant: Mo - ment, ____________________

mehrere Konsonanten: prak - tisch, ____________________

b Sucht in der Liste auf S. 53ff. sechs weitere Beispiele zu jeder Gruppe. Sprecht darüber, worauf bei der Trennung jeweils zu achten ist.

8 In jedem Kasten stehen zwei Lernwörter. Baue sie richtig auf.

____________________ ____________________ ____________________

____________________ ____________________ ____________________

9 Ergänze Nomen oder Adjektiv. Schlage dazu im Wörterbuch nach.

Chemie	Glas	die	Physik	die
		praktisch		langweilig

10 Der folgende Satz aus Hauptsatz und Gliedsatz steht auch im Text:

Das Salz blieb in der Pfanne zurück, **nachdem** sich das Wasser in Dampf verwandelt hatte.

a Vergleicht mit dem Satzgefüge des Textes. Sprecht darüber, wo der Satz, der mit „nachdem" beginnt, jeweils steht. Das ist der Gliedsatz.

b Bilde mit Hilfe der Bindewörter aus je zwei Sätzen sinnvolle Satzgefüge.

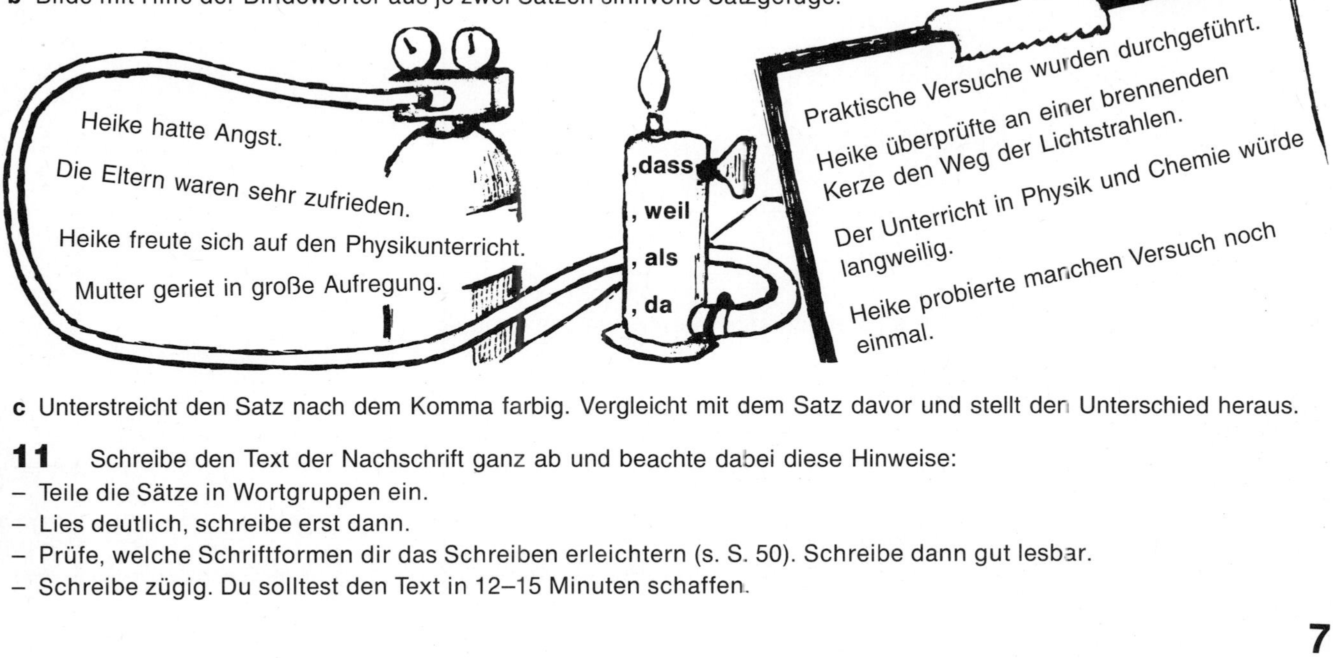

c Unterstreicht den Satz nach dem Komma farbig. Vergleicht mit dem Satz davor und stellt den Unterschied heraus.

11 Schreibe den Text der Nachschrift ganz ab und beachte dabei diese Hinweise:
- Teile die Sätze in Wortgruppen ein.
- Lies deutlich, schreibe erst dann.
- Prüfe, welche Schriftformen dir das Schreiben erleichtern (s. S. 50). Schreibe dann gut lesbar.
- Schreibe zügig. Du solltest den Text in 12–15 Minuten schaffen.

Problem Fernsehen

In kaum einem deutschen Haushalt fehlt heute ein Fernsehapparat. Jeder würde etwas vermissen, wenn er nicht täglich die aktuellen Nachrichten über den Bildschirm bekäme. Aber in manchen Familien ist das Fernsehgerät auch ein echter Kummerkasten. Nicht selten entsteht bei der Programmwahl Streit, häufig wird auch zur gewohnten Stunde mechanisch eingeschaltet. Nacheinander werden dann unkritisch informierende, heitere und ernste Filme angesehen. Zahlreiche Jugendliche verbringen täglich fünf bis sechs Stunden vor der Mattscheibe. Die Behauptung, den Dauergucker erkenne man an seinen quadratischen Augen, ist zwar ein Scherz, aber unbestritten ist natürlich, dass zu viel Fernsehen schädlich ist. Wer ganze Abende dem Fernsehen opfert und nichts zu tun weiß, wenn der Apparat einmal repariert werden muss, wird vom Programm beherrscht statt es zu nutzen.

Diese Wörter des Textes müssten dir bereits bekannt sein:

deutsch fehlen vermissen Familie Programm Wahl täglich behaupten Abend
Fernsehen beherrschen nutzen entstehen ansehen verbringen

1 Lies diese Wörter aufmerksam und lass sie dir dann von deinem Partner diktieren. Suche auf S. 49 Übungen zu Wörtern, bei denen du nicht mehr sicher bist.

2 Das sind die neuen Lernwörter des Textes:

gucken Kummer kritisch aktuell opfern
zwar Scherz reparieren matt einschalten
Apparat ernst mechanisch Streit Schirm
schädlich jugendlich heiter quadratisch

Lies die Wörter deutlich und fahre sie farbig nach. Unterstreiche sie dann im Text.

3 Ordne die Lernwörter so: (Nur „zwar“ kannst du nicht einordnen.)

Nomen mit Artikel	Verben	Adjektive

4 Schreibe die sechs Lernwörter, die du in Zusammensetzungen findest, so auf:

der Apparat - der Fernsehapparat, ______

______

______

5 Schreibe die vier Sätze ab, in denen drei oder mehr Lernwörter vorkommen.

6 Welche Lernwörter passen in diese Wortrahmen?

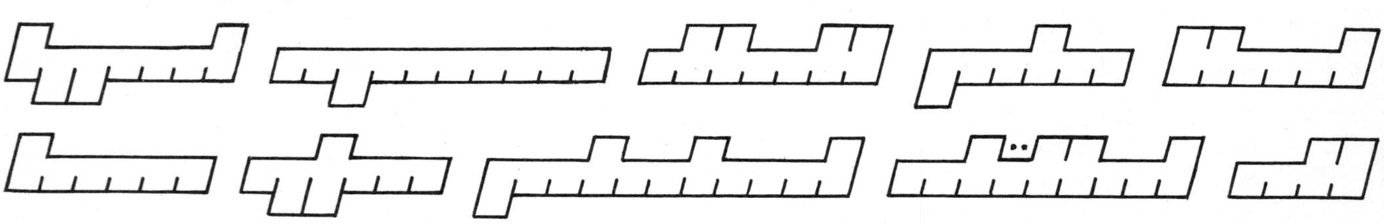

7 Ergänze die Lernwörter und schreibe sie alphabetisch geordnet auf.

A . . . rat *ein . . . . en* *re . . . . . . en* *me . . . . . sch*

Sch . . m *. . . ern* *qu . . . . . isch* *ak . . . . .* *g . . . en*

---

8 Hier sind viele Zusammensetzungen möglich:

Apparat — Kritik — Quadrat — Reparatur

Fernseh Zahlen Foto Theater Buch Kilometer Film Auto Meter Werkstätte Uhren Radio Freude

9 Zu diesen Lernwörtern kannst du ein Nomen, Verb oder Adjektiv finden. Schlage dazu auch im Wörterbuch nach.

der Kummer	*die*	*das*	*der*	*der Scherz*
sich				
	kritisch	*quadratisch*	*schädlich*	

10 Schreibe die Adjektive nach den Endungen geordnet auf.

schäd, jugend, natür, typ, techn, täg, gewöhn, chem, mechan, engl, quadrat	*lich*
	isch

11 In einem Satz des Textes ist ein Adjektiv als Nomen gebraucht. Schreibe diesen Satz auf. Unterstreiche das Adjektiv mit dem davor stehenden Wort.

Bilde weitere Sätze, in denen das Adjektiv als Nomen gebraucht wird. Begründe die Großschreibung.

Manche Die meisten Viele Wenige Einige	Jugendlich e / en	kritisieren kümmern sich lehnen stritten sich schaden sich schalten lieben	um alte Leute. mit ihren Eltern. mechanische Arbeit ab. die Schädigung der Umwelt. nur ernste Filme ein. durch zu laute Musik. das Aktuelle.

12 Schreibe den Text der Nachschrift zügig und gut lesbar ab. Bemühe dich in 13–14 Minuten fertig zu sein.

Ein Freundschaftsdienst

Lange hatte Peter im Rechtschreibunterricht nur Papierschiffchen gebastelt oder an seinem Bleistift herumgeschnitzt. Mahnende, zornige oder auch böse Worte seines Lehrers hatten nichts geholfen. Es war ihm einfach zu lästig gewesen beim Diktat konzentriert zuhören zu müssen oder Fehler zu berichtigen. Erst als sein Freund ihn auslachte, weil er sogar die eigene Adresse falsch geschrieben hatte, packte ihn besonderer Ehrgeiz und er überwand seine Abneigung. Mit seiner Mutter vereinbarte er ein spezielles Übungsprogramm. Er legte eine Fehlermappe an, sprach Wörter auf Tonband, schrieb sie beim Abhören auf und korrigierte Fehler anschließend mit dem Wörterbuch. Täglich übte er so eine halbe Stunde. Schon beim nächsten Diktat war seine Leistung viel besser. Da klopfte ihm sein Freund auf die Schulter und gratulierte: „Nun hast du es doch endlich geschafft!"

---

1 Diese Wörter solltest du bereits richtig schreiben können:

Unterricht	Papier	Schiff	mahnen	Lehrer	Diktat	Fehler	Ehrgeiz	Programm
Leistung	besser	klopfen	Schulter	schaffen	anschließend			

Sieh dir jedes Wort genau an und sprich es deutlich. Schreibe es auswendig auf und vergleiche die Schreibung. Diktiert euch die Wörter gegenseitig.

2 Das sind die Lernwörter:

Neigung	*überwinden*	*zornig*	*korrigieren*	*Adresse*	
Mappe	*berichtigen*	*endlich*	*basteln*	*Bleistift*	*speziell*
lästig	*gratulieren*	*Ton*	*konzentrieren*	*vereinbaren*	
böse	*schnitzen*				

Lies die Wörter deiner Partnerin oder deinem Partner deutlich vor. Unterstreiche sie im Text und vergleiche sie miteinander. Sprecht über die Unterschiede.

3 Schreibe die Lernwörter alphabetisch geordnet auf und setze vor die Nomen den Artikel: die Adresse, ...

4 Wie heißen diese Lernwörter? (K = Konsonant, V = Vokal, U = Umlaut)

K V K K V K K ______ K V K K V ______ K U K K V K ______ K V K K V K K K V V K V K ______

K K V K V K V V K V K ______ V K K V K K V ______ K V K K V K ______ K K V K V V K K ______

5 Häufige Buchstabengruppen. Sprich die Wörter deutlich und schreibe sie auf.

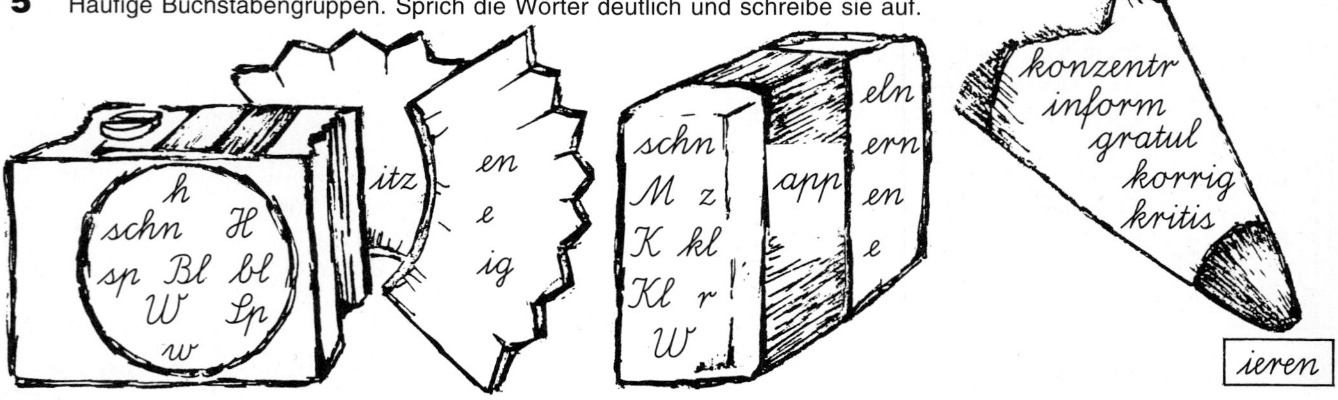

6 Setze ein: überwinden | überwand | überwunden

Nachdem er seine Abneigung ______________________ hatte, wurde seine Leistung besser. Er konnte sich nicht ______________________ Fehler zu korrigieren. Endlich ______________________ er doch seine Schwäche.

7 Silbenrätsel. Füge die richtigen Silben zusammen.

Wörter mit zwei Silben	Wörter mit vier Silben
läs - tig	*ver - ein - ba - ren*

8 Bilde Wörter mit dem Wortteil „end"/„End".

Schreibe die Wörter so auf:

Nomen:	*das ...*
Verben:	
Adjektive:	

Unterstreiche jeweils „End/end" und erkläre die Schreibung. Diktiert euch die Wörter gegenseitig.

9 Ein Ausschnitt eines Stadtplanes zeigt, dass Straßennamen gar nicht so leicht zu schreiben sind.

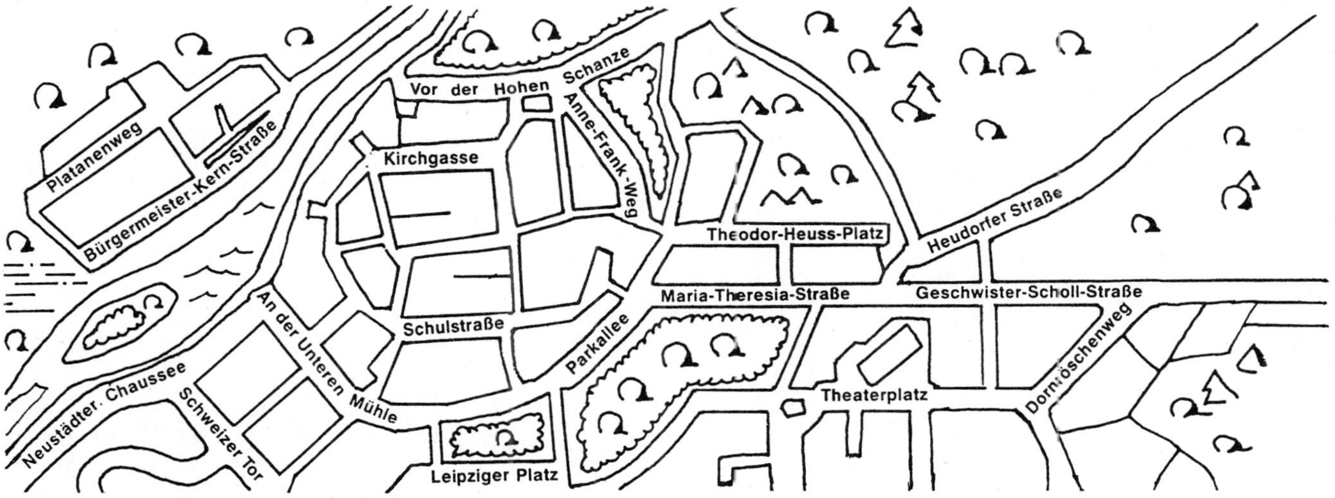

Drei Schreibweisen findest du. Ordne sie so:

zusammen	getrennt	mit Bindestrich
Wiesenstraße	*Regensburger Straße*	*Peter-Henlein-Straße*

Peter wohnt in der BRUNNENGASSE. Schreibe richtig: *in der* ______________________

10 Bilde aus den folgenden Bestandteilen nun selbst möglichst viele Straßennamen und ordne sie richtig zu.

Nelken Bahnhof Main Albrecht Dürer
Garten Isar Schloss Kirchen Kölner
Tannen Karl Valentin Herzog Ludwig

———

Weg Platz Ring
Allee Gasse Straße

Begründet die unterschiedliche Schreibung und formuliert eine Merkhilfe.

11 Schreibe den Text zügig und gut lesbar ab (12 Minuten).

„Das Meer geht nach dem Mond."

Zweimal am Tag kann man an der Nordseeküste beobachten, wie das Wasser ansteigt und wieder fällt, wie das Land überspült und wieder freigegeben wird. Diese eigenartige Naturerscheinung bezeichnet man als Ebbe und Flut. Hauptursache für die Flut ist die hohe Anziehungskraft des Mondes. Durch sie steigt das Wasser in den Meeresgebieten, die ihm zugewandt sind. Auf der entgegengesetzten Seite der Erdkugel entsteht durch die Fliehkraft der Erde ebenso eine Flutwelle. Gleichzeitig ist in den übrigen Meereszonen Ebbe festzustellen.

Der Unterschied zwischen dem Höchststand des Wassers und dem niedrigsten Stand beträgt an der deutschen Nordseeküste etwa zwei bis drei Meter, an anderen Küsten elf bis zwölf, in Einzelfällen sogar bis zu 21 Meter. In einigen Ländern werden diese Meeresströmungen zur Gewinnung elektrischer Energie ausgenützt.

---

1 Diese Wörter des Textes müsstest du bereits schreiben können. Schreibe sie ab und vergleiche die Schreibung.

entgegengesetzt beobachten feststellen ausnützen steigen gleichzeitig deutsch
zweimal Gewinnung Länder Strömung Unterschied Fliehkraft Erdkugel Meter
Seite Meer Gebiet Naturerscheinung Anziehungskraft Hauptursache

2 Fahre die folgenden neuen Lernwörter zweimal farbig nach, unterstreiche sie dann im Text. Lies die jeweiligen Sätze laut vor.

eigen mal Energie sogar zwölf elektrisch
Mond übrig etwa Zone einige hoch/höchst
niedrig/niedrigst Ebbe spülen Flut Küste elf

3 Schreibe die Nomen mit ihren Artikeln auf (6).

____

____

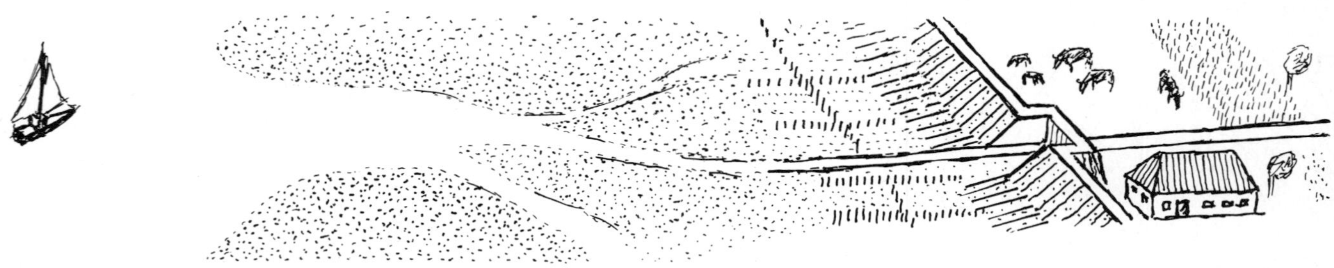

4 Du findest unter den Lernwörtern zwei Zahlwörter. Schreibe sie auf: ______________

5 Welches Lernwort passt in welchen Wortrahmen?

____

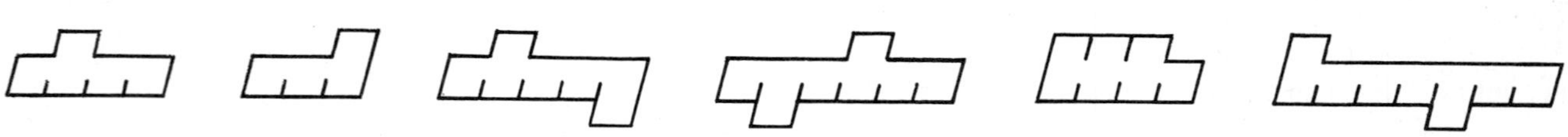

____

6 Reimen macht Spaß! Suche die passenden Lernwörter.

Wut – ____________________ Wüste – ____________________ Schal – ____________________

7 Silbenrätsel. Zwei Silben ergeben immer ein Lernwort.

8 Erkennst du diese Lernwörter?

____

____

9 Immer besser! Steigere die Adjektive.

schön	*hoch*	*niedrig*	*gut*

10 Neue Wörter entstehen.

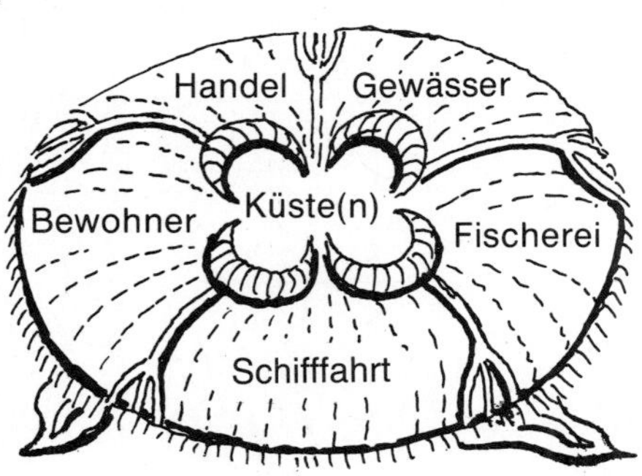

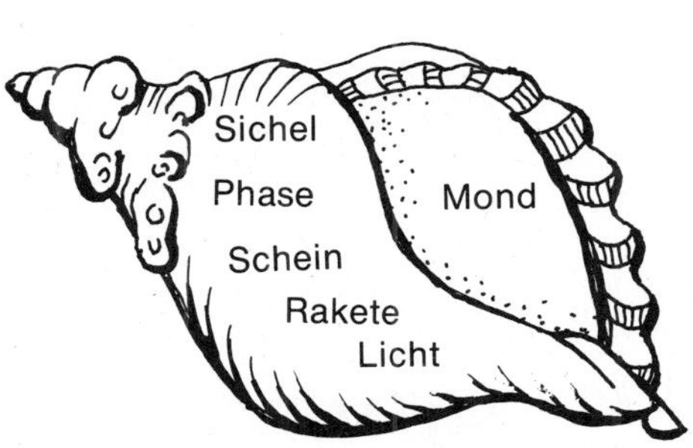

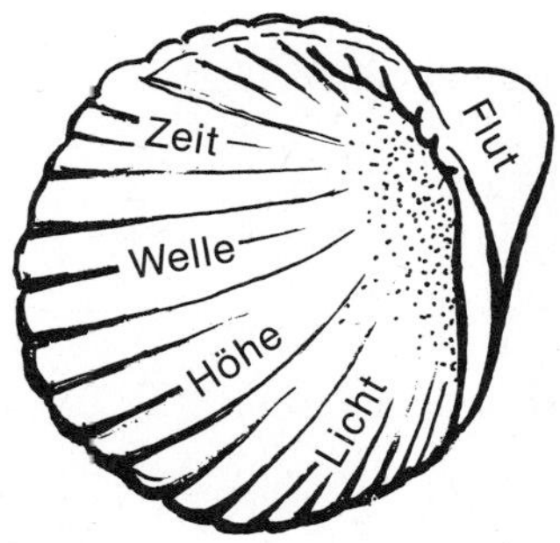

11 Bereite den Text durch senkrechte Striche für das Abschreiben vor (Wortgruppen). Schreibe die Nachschrift fehlerfrei in dein Heft ab.

Im Hambuger Hafen

Hamburgs Hafen, der größte der Bundesrepublik Deutschland, zählt zu den modernsten der Welt. Schiffe aus allen Kontinenten der Erde legen hier an.
Unvorstellbare Mengen an Waren werden hier laufend umgeschlagen. Gummi- und Lederwaren, duftende Gewürze, Gemüse, Konserven aller Art, Fisch und Fleisch, Werkzeuge, die verschiedensten Maschinen, ja sogar Autos werden aus- und eingeladen. Vollautomatische Kräne holen Kisten mit Kirschen, Apfelsinen oder Zitronen aus den stählernen Schiffsbäuchen. Mächtige Bagger füllen riesige Lagerräume mit Erzen oder Korn auf. Gewaltige, mit Erdöl beladene Tankschiffe warten darauf, dass sie entleert werden.
Im Hafen herrscht ein ständiges Kommen und Gehen, ein unruhiges, geschäftiges Leben, das rund 100 000 Menschen Arbeit bietet.

---

1 Diese Wörter sind dir bekannt. Prüfe mit deiner Nachbarin/deinem Nachbarn, ob du sie richtig schreiben kannst.

Bundesrepublik Deutschland Werkzeug Maschine Bagger Gummi Kran Arbeit
zählen unvorstellbar bieten geschäftig verschieden laufen riesig ständig
unruhig mächtig gewaltig umschlagen

2 Die neuen Lernwörter. Lies sie laut vor und unterstreiche sie im Text. Vergleiche sie miteinander.

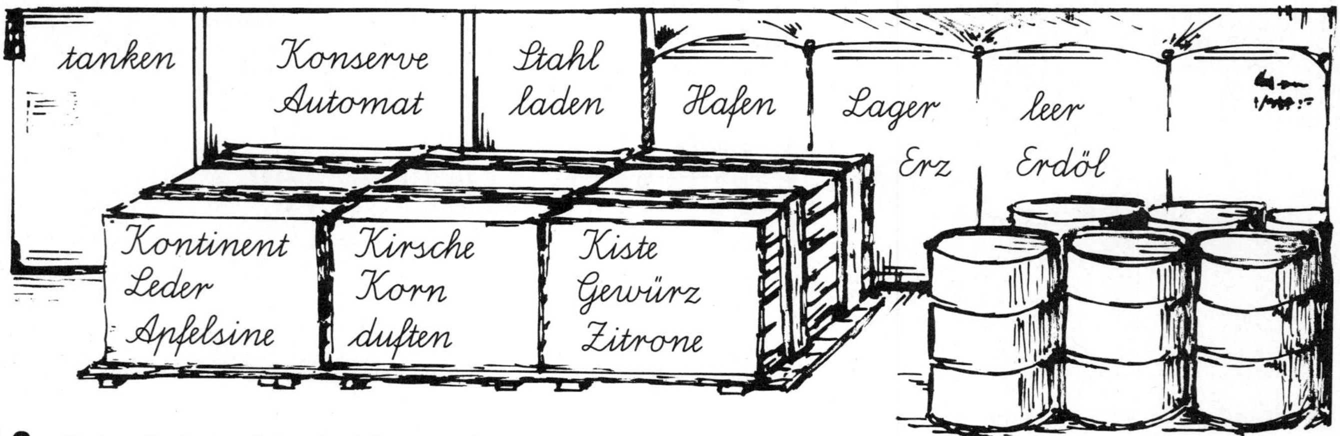

3 Ordne die Lernwörter der Länge nach.

3 Buchstaben: ______

4 Buchstaben: ______

5 Buchstaben: ______

______

6 Buchstaben: ______

7 Buchstaben: ______

8 Buchstaben: ______

9 Buchstaben: ______

4 Geheimschrift

______ ______ ______ ______ ______

5 Viele Lernwörter kann man nicht trennen. Schreibe sie auf. Suche sie im Text und vergleiche die Schreibung.

______________ ______________ ______________ ______________

6 Fünf Lernwörter beginnen mit „K“ und vier mit „L/l“. Schreibe sie alphabetisch geordnet auf.

____

____

7 Ergänze die folgenden Lernwörter.

G ______________ *H* ______________ *t* ______________

8 Silbenrätsel. Male die Kästchen, die zusammengehören, farbig aus. Schreibe die Lernwörter auf.

Ap	duf	ve	ti	fel	Erd	ser	Ha	öl	Au
ro	Kir	würz	Le	ne	Ge	si	te	sche	ten
Kon	der	ne	Kis	mat	rent	to	fen	Kon	Zit

____

____

____

9 Wörter mit „-ig“. Suche sie im Text und ergänze die Zeilen.

______________ *hig* ______________ *tig* ______________ *tig*

______________ *sig* ______________ *tig* ______________ *dig*

10 Aus Verben werden Nomen. Schreibe die Beispiele ab.

Ein ständiges KOMMEN und GEHEN – ein unruhiges LEBEN – aufgeregtes SCHREIEN und hastiges LAUFEN – Ich KOMME und GEHE. – Aufgeregt SCHREIT Peter in das Spiel. – Vollautomatisches EINLADEN spart Zeit und Geld. – Schnelles TANKEN ist erforderlich.

11 Vorsilben verändern den Wortsinn. Vergleiche mit dem Text. Ergänze und besprich die Sinnänderungen mit deiner Nachbarin oder deinem Nachbarn.

______ *vorstellbar* ______ *laden* ______ *laden* ______ *laden* ______ *leeren*

12 Schreibe die Nachschrift wie gewohnt in dein Heft ab.

Hunde als Geschenk

Nicht selten sitzt ein junger Hund als Geschenk unter dem Weihnachtsbaum oder Geburtstagstisch. Zuerst ist die Freude über den niedlichen Spielgefährten riesengroß. Er wird bestaunt, gestreichelt und herumgeschleppt. Bald aber wird klar, dass das lebendige Eigentum auch Ansprüche stellt. Nicht wenige Kinder jammern, wenn sie ihren Hund spazieren führen oder sein Fell bürsten sollen. Aber auch die Erwachsenen verlieren häufig die Nerven, wenn das liebe Tier irgendwann Strümpfe zerreißt, Stiefel zerkaut oder gar das Sofa verschmutzt. Plötzlich ist das ehemals geliebte Geschenk allen lästig und wird weggegeben oder ausgesetzt.

Um Hunden ein solch trauriges Schicksal zu ersparen sollte man den Kauf in der Familie gründlich überlegen. Alle sollten bedenken, dass ein Hund kein Spielzeug, sondern ein Lebewesen ist, das Zuwendung braucht.

---

1 Das sind Wörter, die du schon gelernt hast:

sitzen Geschenk Geburtstag selten verlieren Gefährte zerreißen schenken
Schicksal plötzlich Spielzeug denken Familie verschmutzen

Diktiert euch diese Wörter gegenseitig. Schlage Wörter, bei denen du nicht mehr sicher bist, im Wörterbuch nach.

2 Diese Wörter lernst du neu:

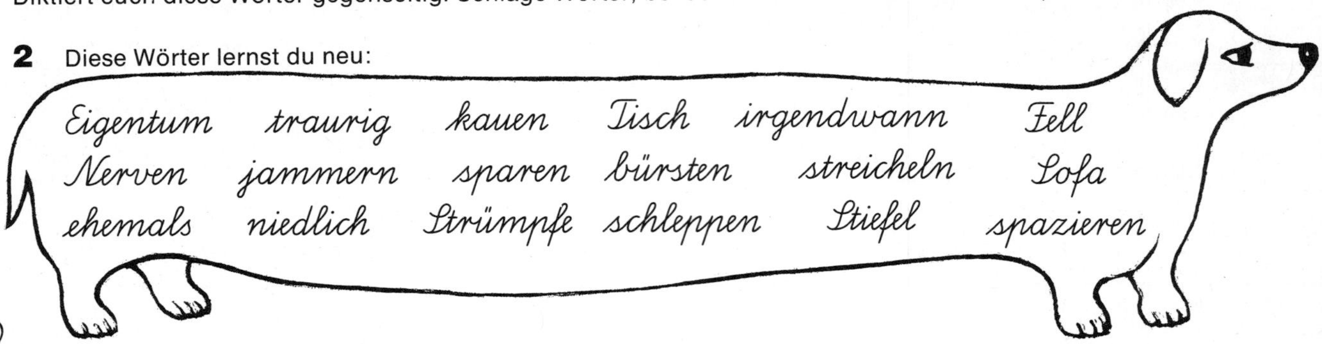

Lies die neuen Lernwörter und sprich sie dabei deutlich aus. Suche sie im Text auf und unterstreiche sie.

3 Schreibe die zwei Sätze ab, in denen vier oder mehr Lernwörter vorkommen.

4 Ordne die Lernwörter nach ihrer Länge:

4 Buchstaben	5 Buchstaben	6 Buchstaben	7 Buchstaben	mehr als 7 Buchstaben

5 In jedes Treppenrätsel kannst du fünf Lernwörter eintragen:

6 Wie heißen diese fünf Lernwörter?

Stelle selbst weitere Lernwörter in Geheimschrift dar und lass sie von deiner Partnerin/deinem Partner lösen.

7 Ergänze die fehlenden Silben und schreibe die Wörter dann getrennt auf.

strei-	So-	-fel	-ren

-fe	bürs-	-pen	Ner-	jam-

8 Mit diesen Wortstämmen sind viele Wortbildungen möglich:

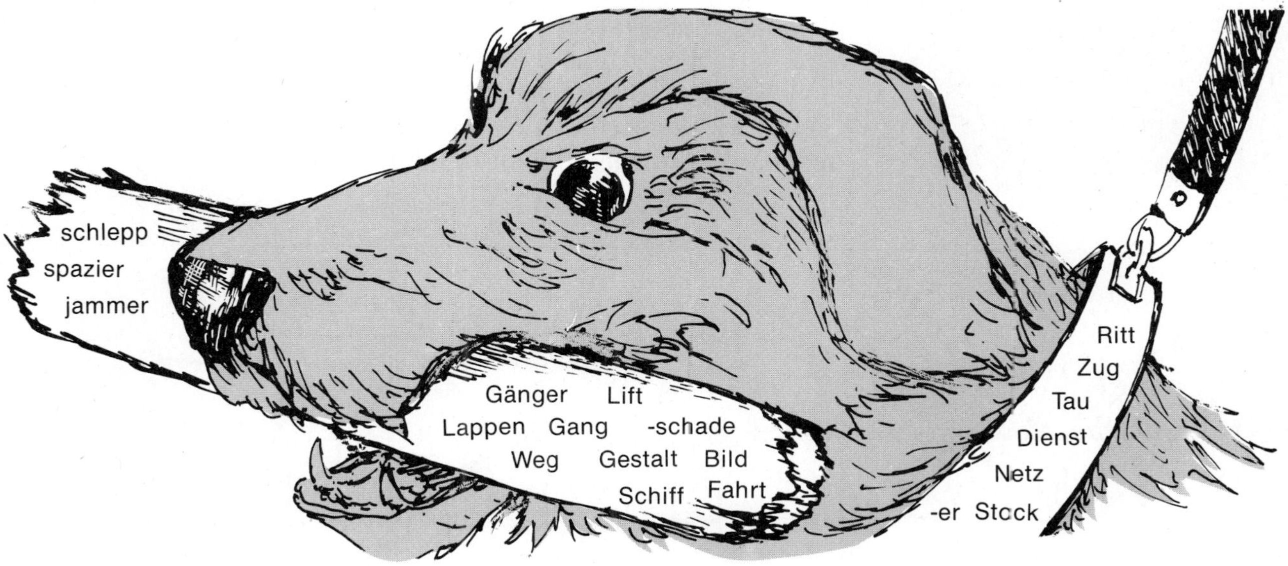

9 Bei diesen Nachsilben musst du gut aufpassen. Ordne ihnen die Adjektive des Textes zu und unterstreiche die Nachsilbe.

-ig: ____

-lich: ____

a Verwende die Adjektive als Attribut, wenn du bei „g“ oder „ch“ unsicher bist:

ein trauriges Schicksal, eine giftige Schlange, ein niedlicher Hund . . .

b Bilde aus Nomen selbst Adjektive mit „ig/lich“. Ordne sie zu.

Gewalt	Kind	Neugier	Sand	Herz	Herr	Gold	Staub	Nacht	Freund
Westen	Gift	Schrecken	Stein	Zorn	Schmutz	Last	Macht		

-ig: ____

____

-lich: ____

____

10 In den folgenden Sätzen musst du „das/dass“ richtig einsetzen.

Irgendwann ist klar,	?	der niedliche Spielgefährte Zuwendung braucht.
Das niedliche Tier,		auf einmal Strümpfe zerreißt, wird lästig.
Viele Kinder jammern darüber,		sie ihren Hund spazieren führen müssen.
Nicht wenige setzen das Tier,		ihr Sofa verschmutzt, einfach aus.
Nicht selten ist das Schicksal,		Hunde erwartet, recht traurig.
Jeder muss daran denken,		Tiere kein Spielzeug sind.

Führe die Ersatzprobe durch; „das“ lässt sich durch „welches“ ersetzen.

11 Schreibe den Text zügig und gut lesbar ab. Benutze dabei die Schriftform von S. 50, die dir am geläufigsten ist.

Verteidigung einer Burg

Mit lautem Blasen seines Horns meldet der Burgwächter das Anrücken des feindlichen Heeres. Hastig treiben die Bauern der Umgebung ihr Vieh zusammen und flüchten erschreckt hinter die schützenden Wälle. Bald steht der Feind vor dem versperrten Tor. Besorgt blickt der Ritter auf die schwer gepanzerte Reiterschar. Neben ihm stehen zwar erfahrene Kämpfer, aber ob die Vorräte in Kammern und Ställen für eine lange Belagerung reichen? Da dröhnt der Boden vom Stampfen der Pferde, als die Feinde anrennen. Beim Versuch, Mauern und Türme zu ersteigen, werden sie jedoch von den Verteidigern heftig beschossen und mit heißem Öl und Pech überschüttet. Mit großen Verlusten ziehen sie sich zurück. Nun setzen sie Wurfmaschinen ein. Als die Angreifer auch damit erfolglos bleiben, ziehen sie schließlich entmutigt ab.

---

1 Das sind die Lernwörter:

Fahre diese Wörter nach und sprich sie dabei deutlich aus. Suche sie im Text auf und unterstreiche sie. Begründet die Form, in der sie im Text verwendet sind.

2 Ordne die Lernwörter nach der Zahl ihrer Silben:

Wörter mit 1 Silbe (6)	Wörter mit 2 Silben (10)	Wörter mit 3 Silben (2)

3 Welche Lernwörter erkennst du in dem Schwert? Ordne sie der Länge nach.

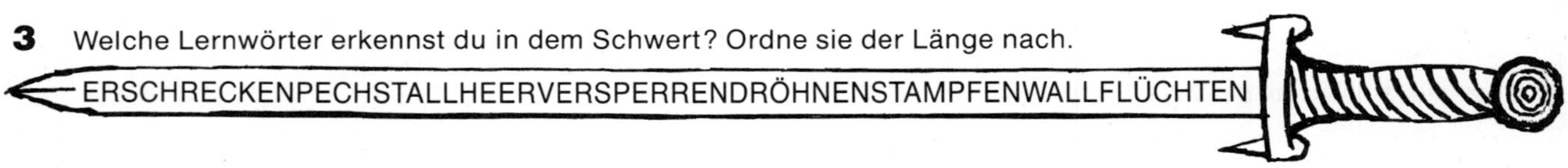

4 Welche Lernwörter passen in diese Wortrahmen?

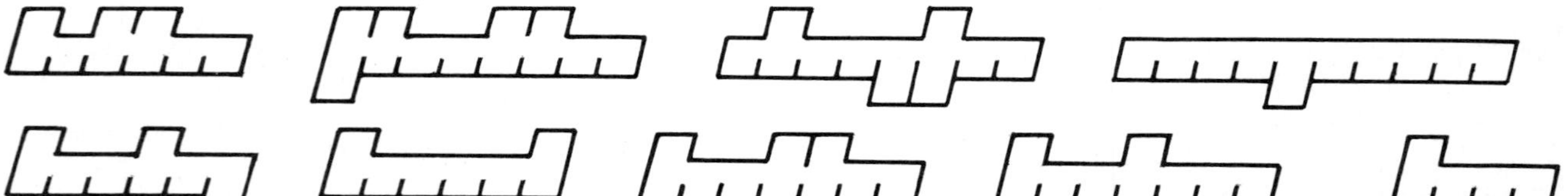

5 Suche mit deiner Partnerin/deinem Partner nach Wörtern des Textes, die du schon früher gelernt hast. Unterstreiche sie. Prüfe, ob du sie noch richtig schreiben kannst.

6 Welche Silben passen zusammen?
Schreibe die Lernwörter nach Silben getrennt auf, sprich sie dabei deutlich.

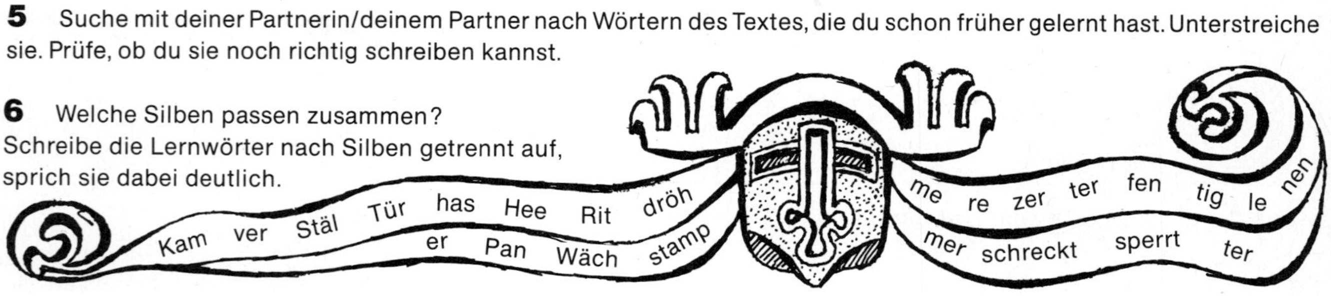

7 Diese Buchstabengruppen kommen in mehreren Wörtern vor. Sprich sie deutlich aus und schreibe sie auf:

8 Ergänze hier die zugehörigen Wörter mit „a“ oder „ä“:

a	der Stall			blasen	der Vorrat
ä	die	der Wächter	der Kämpfer	der	

9 Bilde Sätze und verwende dabei diese Wortformen:

erschraken	blies	war erschrocken	bliesen	erschrickt

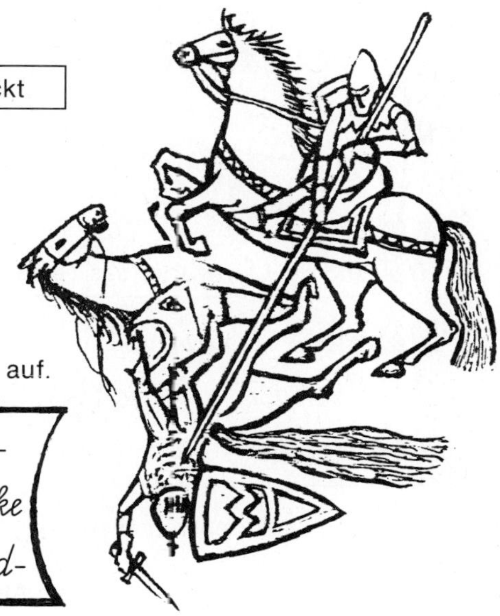

Der Ritter … über das rasche Anrücken der Feinde.
Der Wächter … heftig in sein Horn.
Die Feinde … zum Sturm auf die Burg.
Die Bauern … sehr über die Warnung des Burgwächters.

Bilde selbst weitere Sätze, in denen du diese Formen verwendest.

10 Hier kannst du zusammengesetzte Wörter mit „eer“ bilden. Schreibe sie auf.

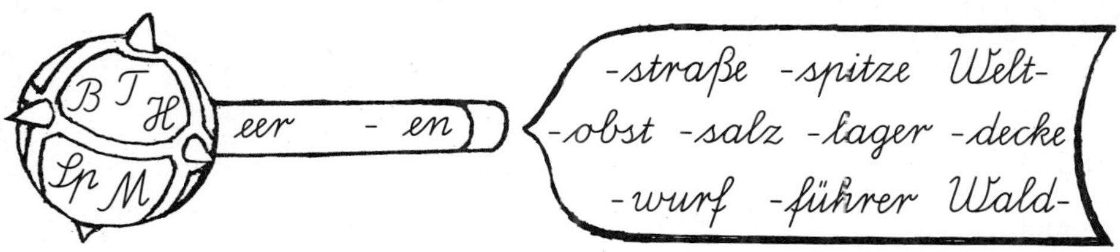

Schlage im Wörterbuch nach und suche weitere Zusammensetzungen.

11 Im Text sind Verben als Nomen verwendet und großgeschrieben.

blasen
anrücken
stampfen

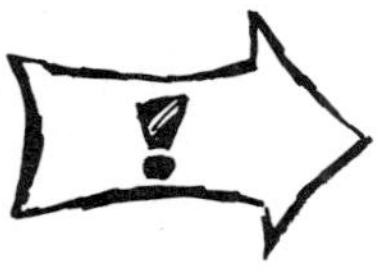

mit ____________________

____

____

a Sprecht über die Wörter vor dem Verb und erklärt die Großschreibung.

b Welche Verben werden als Nomen gebraucht?

Lautes BLASEN MELDETE das KOMMEN des Feindes. Der Wächter BEOBACHTETE das ZUSAMMENTREIBEN des Viehs. Das STAMPFEN der Pferde VERURSACHTE ein gewaltiges DRÖHNEN des Bodens. Das ANRENNEN der Feinde BLIEB erfolglos. Die Angreifer wurden am ERSTEIGEN der Mauer GEHINDERT. Die Verteidiger FREUTEN sich über das ABZIEHEN der Feinde.

c Versucht diese Sätze auch so zu formulieren, dass alle Verben kleingeschrieben werden.

12 Setze den Text ins Präteritum. Schreibe ihn dann in 12–14 Minuten fehlerfrei ab.

Stadtbewohner ohne Bürgerrechte

Nicht jeder, der in der mittelalterlichen Stadt lebte, besaß die Bürgerrechte. Nur Bürger durften zum Beispiel Ämter übernehmen, ein Handwerk ausüben und Vermögen erwerben. Mehr als ein Viertel der Bewohner war davon ausgeschlossen und gehörte zur niederen Schicht der Stadtbevölkerung. Vor allem Leute, die eine Tätigkeit verrichteten, die damals als unehrlich galt, hatten kein angenehmes Leben. Besonders gering geschätzt und gemieden wurden Henker und ihre Gesellen. Oft mussten sie am Rande der Stadt wohnen.
An unterer Stelle der Gesellschaft standen auch die Armen. Obwohl viele das Betteln wie einen Beruf betrieben, begegnete ihnen kein Hass. Reiche Leute warfen den Bettlern, die an den Türen der Kirchen auf milde Gaben warteten, immer ein paar Münzen zu. In Armenhäusern erhielten Hungrige mittags kostenlos einen Teller Suppe.

1 Das sind die Lernwörter des Textes:

Münze damals Tür mild betteln ehrlich Geselle
Gesellschaft Schicht paar Hass Recht Suppe
angenehm verrichten Vermögen Rand Viertel

Fahre die Lernwörter nach und sprich sie dabei deutlich aus. Suche sie im Text auf und unterstreiche sie.

2 Ordne alle Lernwörter nach dem Alphabet.

3 Ordne die Nomen unter den Lernwörtern nach ihrem Geschlecht:

der ____________________

die ____________________

____

das ____________________

4 Findest du diese Verben im Text?

gelten	besitzen	werfen	meiden	müssen

Begründet die unterschiedliche Form im Text.
Schreibe die Sätze ab, in denen diese Verben verwendet werden, und unterstreiche die Lernwörter darin.

5 Erkennst du diese Lernwörter wieder? Sprich sie deutlich und ergänze die Kästen.

. . sell	Ge . . . . e	S . . . e	. . . . tel
. . . teln	. . . mö . . .	. . . lich	. . ge . . . .

Schreibe diese Wörter nach der Länge geordnet in dein Heft.

6 Verwende in den folgenden Sätzen das Wort „betteln“ als Verb oder als Nomen.

Im Mittelalter wurde das	Betteln	von vielen Armen wie ein Beruf betrieben.
Wer damals		musste, gehörte zur niederen Schicht.
Auch in der Gegenwart	betteln	nicht wenige um ein paar Münzen.
Wer im Mittelalter auf das		angewiesen war, wurde gering geschätzt.
Wer an den Türen der Kirchen		, konnte mit milden Gaben rechnen.
Mit dem	bettelte	kam damals keiner zu Vermögen.

7 Ergänze das dazugehörige Nomen oder Verb.

der Hass	*der*	*der Rand*	*die*	*die Schicht*
	betteln	*um*	*verrichten*	*be*

Schlage im Wörterbuch nach und suche weitere Ableitungen.

8 Zwei Wörter im Text klingen gleich, werden aber verschieden geschrieben:

Viele Arme betteln vor der Kirche.
↓
eine Menge

Ein paar Münzen **fielen** zu Boden.
↓
fallen

Ergänze die folgenden Sätze. Überlege, welche Probe du machen kannst.

(1) Rudi ____________ auf die Nase. (2) ____________ Arme waren auf das Betteln angewiesen. (3) In der mittelalterlichen Stadt ____________ die Kaufleute durch die Kleidung auf. (4) Die Bevölkerung zeigte auch früher nicht ____________ Verständnis für die Armen. (5) Er ____________ in der Gesellschaft auf.

9 Im Text wird das Wort „paar“ in der Bedeutung „mehrere“ verwendet:

(1) Sie bettelten um ein ________________ Münzen. (2) Vor der Tür standen ein ________________ Bettler. (3) Sie waren mit ein ________________ Pfennigen zufrieden.

10 Kennst du auch hier die Bedeutung?

Doris kaufte sich ein Paar Strümpfe.

Vor der Tür stehen ein Paar Schuhe.

Stiefel

ein Paar — zwei, die zusammengehören

ein paar — genaue Zahl ist nicht bekannt

Tassen

Entscheide und schreibe:
Gefunden wurden **ein Paar/ein paar**
Handschuhe, Fotos, Uhren, Rollschuhe, Ski, Schwimmflossen, Schirme, Skistiefel
Sucht selbst weitere Beispiele.

11 Suche gemeinsam mit deinem Partner nach Wörtern des Textes, die du schon früher gelernt hast. Unterstreiche sie und diktiert sie euch gegenseitig. Sucht auf S. 49 Übungen für Wörter, bei denen ihr nicht mehr sicher seid.

Ein frommes Leben

Viele Klöster hatten im Mittelalter ihre Blütezeit. Damals erhielten sie Schenkungen von Kaisern und Königen. Außerdem tauschten nicht wenige Menschen Reichtum gegen Armut ein. Sie nahmen Abschied von Freunden und Verwandten und verzichteten auf jeden Besitz, weil ihnen ihre Seele wichtiger war. Nach einer Probezeit im Kloster gelobten sie, der Ordensregel zu gehorchen. Eine ihrer Pflichten war das tägliche Chorgebet.
Daneben aber leisteten viele Mönche nützliche Arbeiten für ihre Umgebung. Aus heilkräftigen Pflanzen, die in Beeten des Klostergartens wuchsen, gewannen sie Medizin. Den Bauern lieferten sie Saatgut für bessere Ernten, sogar berühmte Biere stellten sie her. Während manche Mönche in der Klosterschule unterrichteten, studierten andere in der Bücherei das Neue Testament. Gebet und Arbeit bestimmten den Tagesablauf eines jeden.

---

1 Diese Wörter lernst du nun richtig zu schreiben:

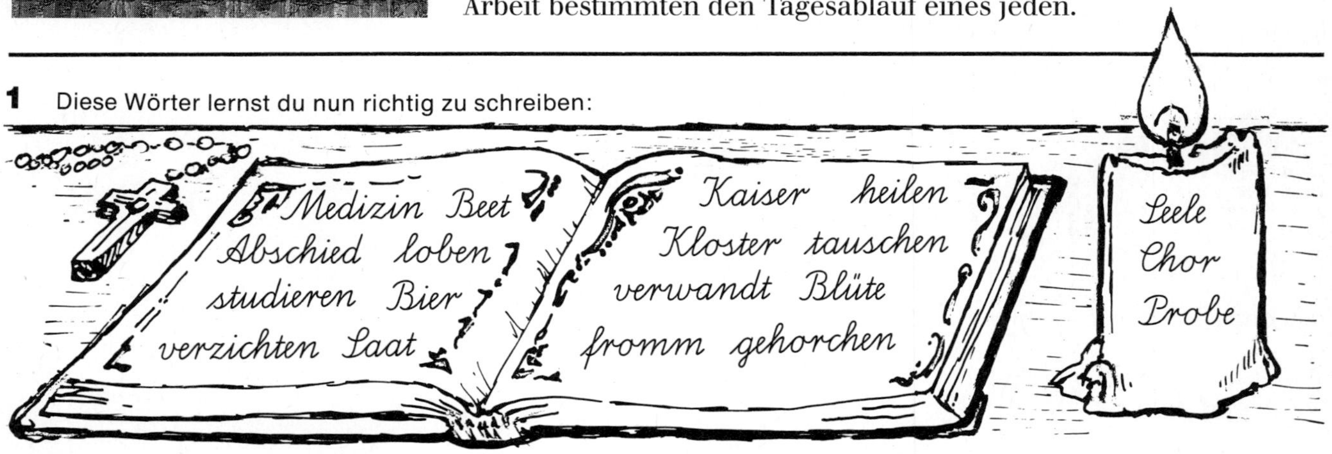

Fahre diese Wörter nach und sprich sie deutlich aus. Achte auf den Unterschied zwischen Sprechen und Schreiben beim Wort „Chor". Schreibe die Lernwörter, die in einer Zusammensetzung vorkommen, so auf:

die Blüte – die Blütezeit, ______________________________

____

____

2 Ordne die Lernwörter nach der Zahl ihrer Silben.

eine Silbe (5)	zwei Silben (10)	drei Silben (4)

3 Ordne die Nomen alphabetisch.

____

____

4 Wie heißen diese Lernwörter? (K = Konsonant, V = Vokal)

K K V K K ________ K V K K V K K K ________ K K V K K V K ________ V K K K K V V K ________ K V V K V ________

Bilde selbst solche Wörterrätsel und lass sie von deinem Partner lösen.

5 Trage hier die Lernwörter ein, die das Gegenteil bedeuten.

schimpfen	*Ankunft*	*gottlos*	*fordern*	*fremd*

6 Aus den angekreuzten Buchstaben in jeder Reihe kannst du sechs Lernwörter bilden. Schreibe sie auf.

A	B	C	D	E	H	I	K	L	M	N	O	P	R	S	T	Z
			×	×		××			×	×						×
×				×		×	×						×	×		
×	×	×	×	×	×	×								×		
	×			×							×	×	×			
				×			×	×			×		×	×	×	
				×××				×						×		

7 Du kannst hier Wörter mit „ee“ bilden. Schreibe sie in Singular und Plural auf. Suche im Wörterbuch Ableitungen oder Zusammensetzungen.

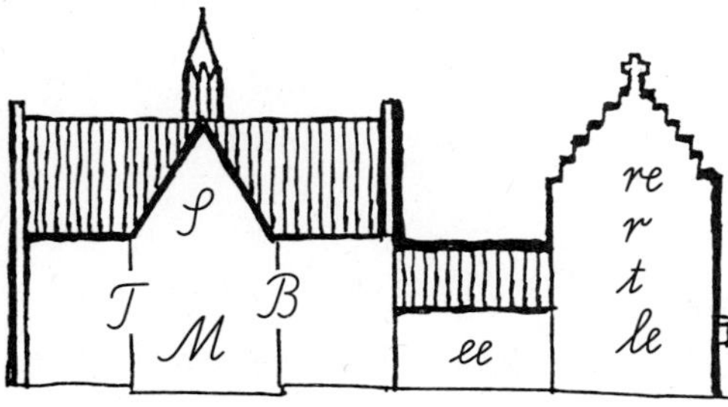

der **See**: -s, -n; (Binnengewässer); die **See** (Meer); das **Seebad**; die **Seefahrt**; der **Seemann**; der **Seeräuber**; die **Seezunge**; **seeklar**; **seekrank**; **seetüchtig**

das Seebad
seekrank

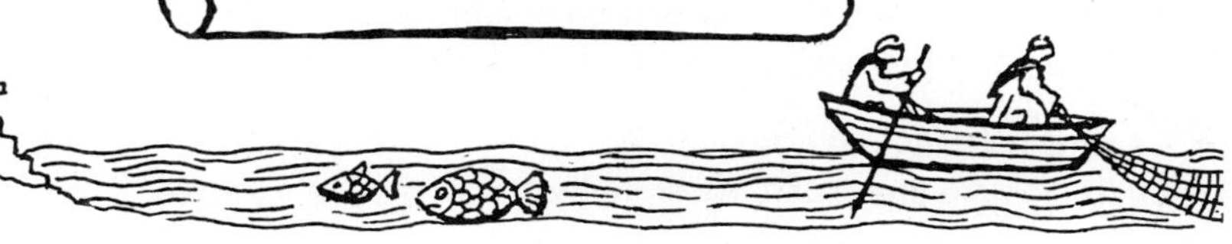

8 Bilde möglichst viele Sätze und schreibe sie auf.

Viele Die meisten Eine Reihe von Viel(es)	Verwandt Bekannt Nützlich Wichtig — e / en / es	verstanden den Verzicht auf Reichtum nicht. sahen den Eintritt ins Kloster gern. entstand durch die Arbeit der Klöster. wurde im Kloster unwichtig. glaubte, der zukünftige Mönch bete für ihre Seele.

Begründet die Großschreibung der Adjektive in diesen Sätzen.

9 Ein Adjektiv im Text ist fester Teil eines Namens. Ergänze:

Manche Mönche studierten in der Bücherei das ______________________.

a Hier sind weitere Beispiele, in denen das Adjektiv als fester Bestandteil des Namens großgeschrieben wird. Setze sie richtig ein.
der Bayerische Wald – das Rote Kreuz – die Deutsche Bahn – das Deutsche Museum – der Stille Ozean

(1) Viele Leute suchen im ______________________ Erholung.

(2) Das ______________________ sorgt sich um die Rettung Verletzter.

(3) Die ______________________ hat die Fahrpreise wieder erhöht.

(4) Im ______________________ ist schon manches Schiff untergegangen.

(5) Im ______________________ gibt es so viel zu besichtigen, dass man sich dort tagelang aufhalten kann.

b Stellt gegenüber:

der Bayerische Wald *die bayerischen Seen*

Bildet Sätze mit den Beispielen in verschiedener Schreibweise.

10 Suche mit deiner Partnerin/deinem Partner nach Wörtern des Textes, die du schon früher gelernt hast (mindestens 15). Unterstreiche sie. Diktiert sie euch gegenseitig. Suche dir Übungen auf S. 49, wenn du unsicher bist.

Fit durch richtiges Essen!

Bei dem Gedanken an eine braun gebratene Gans oder ein zartes Hähnchen mit würziger Haut läuft manchem von uns das Wasser im Munde zusammen. Vor allem, wenn der Magen knurrt, ist der Appetit am größten. Dann sehnt man sich nach einem kräftigen Mahl, um sich gründlich satt zu essen.
Nicht immer ist jedoch das, was schmeckt, auch gesund. Untersuchungen haben ergeben, dass in Deutschland jedes vierte Kind zu dick, jeder siebte Junge und jedes achte Mädchen übergewichtig ist. Bei einem Kind von rund zwölf Jahren und mit ungefähr 150 cm Größe sollte die Waage nicht mehr als 40 bis 41 kg anzeigen.
Täglich ein ordentliches Frühstück, eine vitaminreiche und eiweißreiche Nahrung und viel Bewegung halten schlank, gesund und fit!

---

1 Diese Wörter solltest du bereits richtig schreiben können:

Gedanke	Untersuchung	Deutschland	Nahrung	Bewegung	schmecken	übergewichtig	
eiweißreich	richtig	ordentlich	würzig	ungefähr	kräftig	gründlich	gesund

Suche diese Wörter im Text auf und unterstreiche sie blau. Lies die jeweiligen Sätze laut vor.
Lass dir diese Wörter von deinem Partner diktieren. Vergleiche anschließend, ob du sie richtig geschrieben hast.

2 Fahre die folgenden neuen Lernwörter zweimal farbig nach und unterstreiche sie dann im Text mit einem roten Farbstift. Lies die jeweiligen Sätze laut vor.

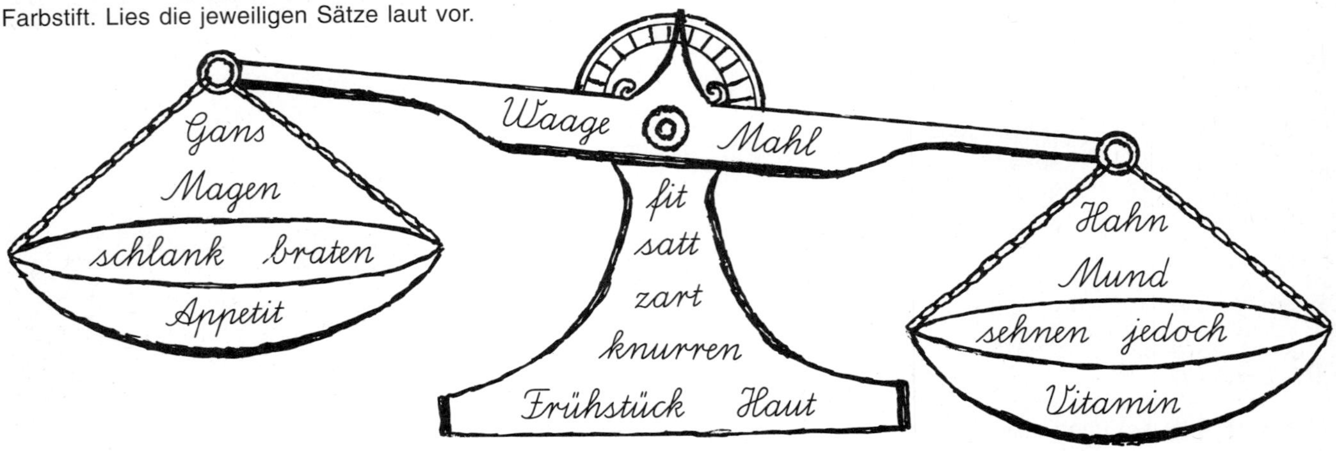

3 Ordne die neuen Nomen nach ihrem Geschlecht.

der ____________________

die ____________________

das ____________________

4 Wortrahmen für bestimmte Lernwörter. Suche sie heraus und schreibe sie in die Rahmen.

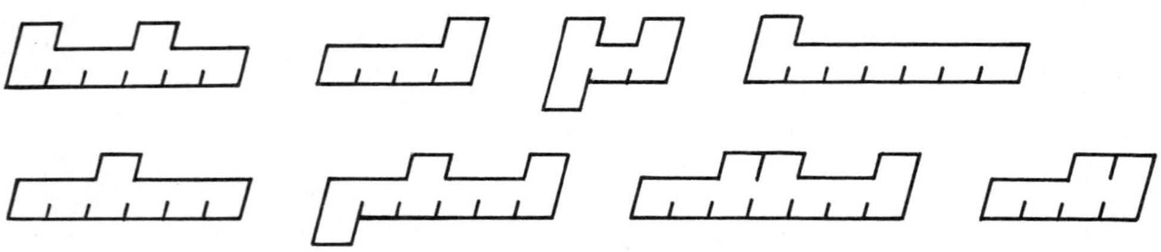

5 Neun Lernwörter kann man nicht trennen. Schreibe sie auf.

____

____

6 Wie heißen die folgenden Lernwörter? (K = Konsonant, V = Vokal, U = Umlaut)

K V V K V ____ V K K V K V K ____ K V K K V K ____ K V K V K V K ____ K K V K V K ____

K K U K K K U K K ____ K V K V K ____ K V K V K K ____ K K V K K V K ____

7 Hier sind die Silben durcheinander geraten. Kannst du sie wieder richtig zusammensetzen? Es sind neun Wörter.

brastückta
Frühgen
Apten
Marenge
Vijetit
Waadoch
sehmin
knurpenen

8 Erkennst du die Lernwörter noch?

W e ____ *Frü ück* ____ *A tit* ____ *k en* ____

9 Versteck für zwölf Lernwörter. Fahre die Lernwörter im Rätsel farbig nach und schreibe sie auf.

G	M	A	H	L	O	S	M	A	G	E	N	J
C	Z	S	C	H	L	A	N	K	A	S	X	E
H	B	I	L	F	I	T	M	U	N	D	M	D
A	P	P	E	T	I	T	D	Y	S	B	A	O
H	M	Z	A	R	T	N	P	H	B	R	A	C
N	S	E	O	V	I	T	A	M	I	N	C	H

10 Neue Wörter durch Zusammensetzungen.
Bestimme die Wortarten und setze die Wörter zusammen. Erkläre das neue Wort und seine Schreibweise. Musst du es groß- oder kleinschreiben?

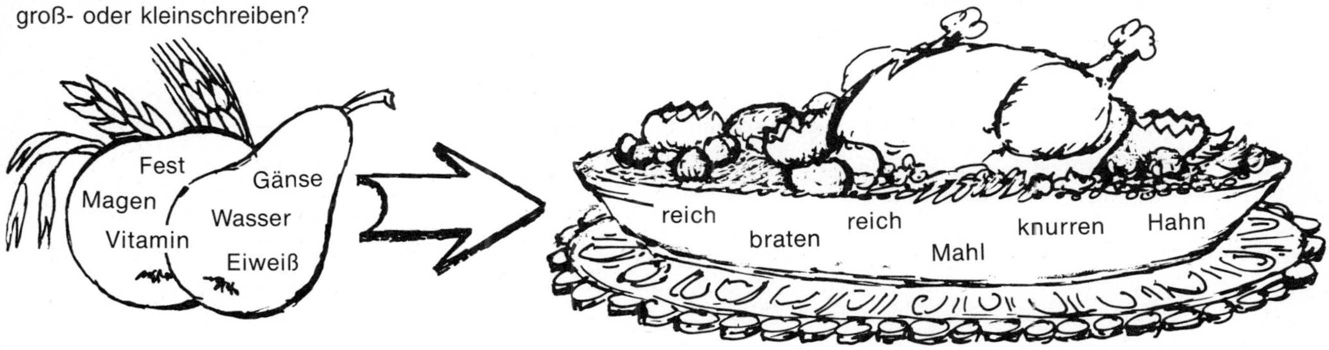

11 Schreibe die Nachschrift wie gewohnt fehlerfrei in dein Heft ab.

Grenzen

Meist ist es ohne Probleme möglich die Grenzen zu den Nachbarländern im Süden, Norden und Westen zu überqueren. Oft genügt es, den Ausweis vorzuzeigen und gegebenenfalls Zoll zu entrichten. Die frühere deutsch-deutsche Grenze aber war bis zum 9. November 1989 in Ost-West-Richtung eine nahezu undurchdringliche Mauer. Trotzdem ließen Demokratie, Freiheit und wirtschaftlicher Wohlstand in der Bundesrepublik Deutschland viele Bürger der ehemaligen DDR einen oft gefährlichen Weg in den Westen wagen.
Wer in umgekehrter Richtung in ein Land des Ostblocks reisen wollte, musste an den Grenzen häufig zeitraubende Kontrollen erdulden. Manchen Personen wurde sogar die Einreise verweigert.
Ein Denkmal in Berlin erinnert uns an die Jahre 1948/49, als alle Verbindungswege aus dem Westen gesperrt waren und der Westteil der Stadt nur mit dem Flugzeug zu erreichen war.

1 Überprüfe mit deiner Partnerin oder deinem Partner, ob du folgende Wörter richtig schreiben kannst:

Regel Problem Verbindungsweg Grenze sperren erinnern Süden Norden
deutsch Nachbarland überqueren Richtung häufig Kontrolle gefährlich
Bundesrepublik Deutschland November entrichten trotzdem lassen wirtschaftlich

2 Deine neuen Lernwörter heißen:

Demokratie weigern Zoll Denkmal
erdulden Flugzeug gegebenenfalls Osten
erreichen rauben undurchdringlich wohl
wagen Westen Berlin Ausweis Person

Lies die Lernwörter laut. Unterstreiche Nomen, Verben und Adjektive in drei Farben.

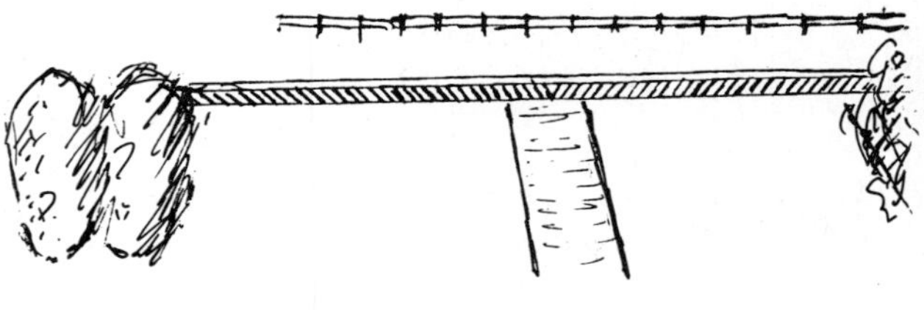

3 Schreibe die Lernwörter alphabetisch geordnet auf.

4 Wie heißen die vier Himmelsrichtungen?

5 Schreibe die zwei Lernwörter auf, die ein „m“ enthalten.

6 Schreibe die neun Lernwörter auf, die mit einem „n“ enden.

7 Schreibe die fünf Lernwörter auf, die mindestens ein „g“ enthalten.

---

8 In jedes Treppenrätsel passen vier Lernwörter.

	o					
		t				
			l			
				m		

			w			
				g		
					e	
						s

9 Schreibe das passende Nomen mit Artikel dazu:

ausweisen – *der* ______

westlich – ______

persönlich – ______

der Raub – ______

demokratisch – ______

die Duldsamkeit – ______

das Wagnis – ______

fliegen – ______

die Verweigerung – ______

östlich – ______

10 Auch das sind Lernwörter. Ergänze sie.

Demo☐*ie* *gegeb*☐*fa*☐ *und*☐*d*☐*lich*

Au☐*s* *w*☐*l* *Z*☐ *Flu*☐*g* ☐*chen*

11 Haupt- und Gliedsätze werden durch ein Komma getrennt.

Beispiel: Viele Menschen aus der DDR reisten in den Westen, **nachdem** die Grenze zur Bundesrepublik am 9. November 1989 geöffnet worden war.

Lies die folgenden Satzgefüge laut vor. Woran erkennst du den Gliedsatz?
Unterstreiche die folgenden Hauptsätze mit einer Farbe, die Gliedsätze mit einer anderen Farbe. Ergänze mit einem weiteren Farbstift die fehlenden Kommas.

(1) Das Luftbrückendenkmal in Berlin erinnert an die Zeit als die Grenze zu Westberlin total geschlossen war.
(2) Wer in ein Land des Ostblocks reisen wollte musste an den Grenzen häufig zeitraubende Kontrollen erdulden.
(3) Obwohl die Flucht gefährlich war kamen viele DDR-Bürger in den Westen.
(4) Viele Leute reisen gerne nach Berlin weil ihnen die Stadt sehr gefällt.

12 Schreibe den Text der Nachschrift in dein Heft. Beachte wie immer die Hinweise, die du dazu bekommen hast.

Kennst du diese Blume?

Niemand sät diese Blume und zu Hause im Garten ist sie meist unerwünscht. Manche Wiesen sind im Frühling oft ganz gelb von den leuchtenden Blüten. Der Stängel der Blume ist wie ein dünnes Rohr und enthält einen milchigen Saft. Vielleicht ist das die Ursache dafür, dass sie selten gepflückt wird. Schmetterlinge tanzen über diesen Blumen, Bienen und andere Insekten sind in den hübschen Blüten auf Futtersuche. Schnecken und Raupen zerfressen häufig die großzähnigen Blätter.

Später im Jahr schweben beim leisesten Windhauch unzählige Samenschirmchen leicht wie Federn durch die Luft. Wo diese landen, besteht die Chance, dass ein neues Pflänzchen wächst.

Kleine Kinder haben oft Spaß daran, die Schirmchen zu fangen, und freuen sich, wenn sie eins erwischen.

1 Diese Wörter sollten dir bekannt sein. Überprüfe mit deinem Nachbarn, ob du sie fehlerfrei schreiben kannst.

unzählig niemand Frühling vielleicht Insekt Pflänzchen unerwünscht leuchtend milchig Schirmchen erwischen wachsen enthalten Spaß freuen Futtersuche tanzen zerfressen häufig großzähnig Blüte

2 Die neuen Lernwörter:

Raupe fangen Stängel Chance Rohr zu Hause hübsch Schmetterling erwischen pflücken Biene Schnecke säen Samen Saft dünn Feder schweben hauchen

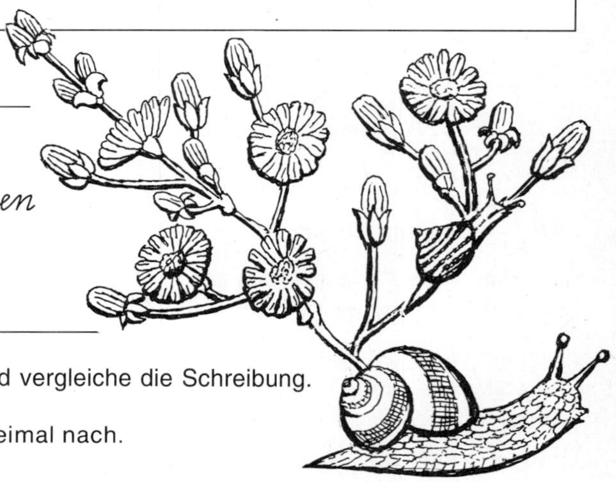

Lies die neuen Lernwörter deutlich vor. Unterstreiche sie im Text und vergleiche die Schreibung.

3 Fahre die neuen Lernwörter mit verschiedenen Farbstiften zweimal nach.

4 Ein Lernwort besteht aus zwei Wörtern. Wie heißt es? Suche diesen Ausdruck im Wörterbuch und schreibe ihn hier auf: ______________________

5 Ordne die restlichen achtzehn Wörter nach der Wortlänge (Anzahl der Buchstaben).

4 Buchstaben (4)	5 Buchstaben (4)	6 Buchstaben (3)	7 Buchstaben (2)	8 Buchstaben und mehr (5)

6 Schreibe die sechs Lernwörter auf, in denen mindestens drei Konsonanten hintereinander folgen.

____

____

7 Geheimschrift

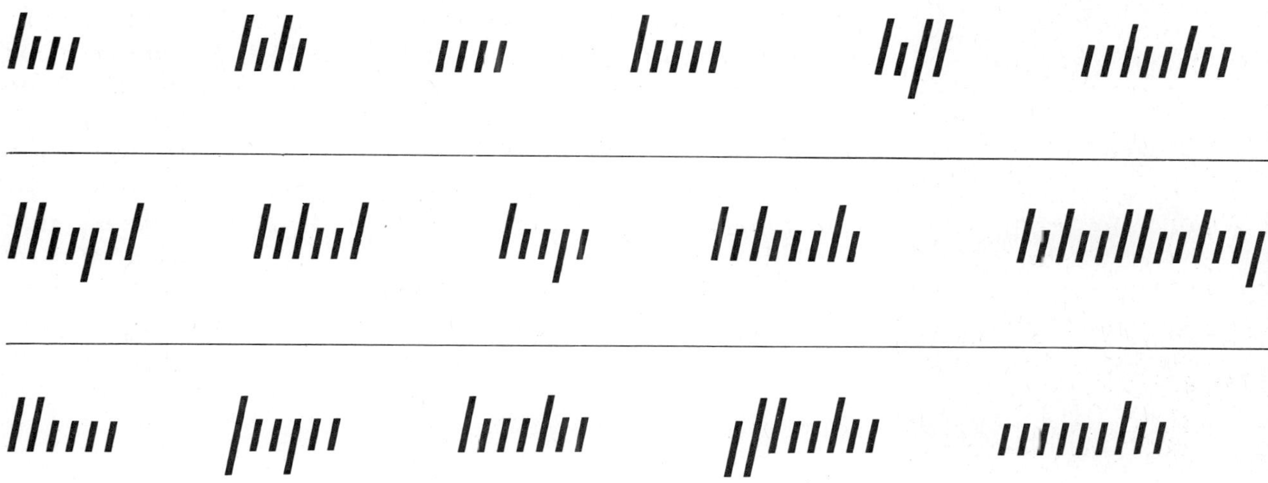

8 Silbenrätsel. Fahre zusammengehörende Silben mit derselben Farbe nach. Schreibe die Lernwörter auf.

9 Schreibe die Wörter getrennt so auf. Formuliere anschließend eine Merkhilfe für die Trennung dieser Wörter.

ein Konsonant im Wort (7)	mehrere Konsonanten im Wort (5)
pflü - cken	Stän - gel

10 Erkennst du diese Lernwörter noch?

er en Sch erling Cha e St el R e

11 Komma oder nicht? Ergänze mit einem Farbstift die fehlenden Kommas. Begründe, warum du jeweils ein Komma setzt (insgesamt 5).

Niemand sät diese Blume im Garten weil sie dort unerwünscht ist.
Unzählige Samenschirmchen schweben durch die Luft und landen irgendwo.
Während Bienen in den Blüten auf Futtersuche sind tanzen Schmetterline über den Blumen
Wo die Samenschirmchen landen besteht die Chance dass ein neues Pflänzchen wächst.
Die Blätter schmecken den Schnecken und auch Raupen finden sich zum Fressen ein.
Der Stängel der einen milchigen Saft enthält ist ein dünnes Rohr.

12 Schreibe die Nachschrift wie gewohnt in dein Heft.

Am Moor

Mit meinem Dackel stehe ich an der breiten Verlandungszone des Sees, die einsam und verlassen vor uns liegt. Sauergräser und Sumpfpflanzen haben sich angesiedelt. Vermutlich wird in vielen Jahrzehnten der See verschwunden und ein Flachmoor entstanden sein.

Wenige hundert Meter weiter ist bereits ein Moor vorhanden. Wir wandern hier über schwammartigen Boden. Ich entdecke wunderbar blühende Moose und blasses Wollgras, also anspruchslose Gewächse. Vereinzelt begrenzen einige Kiefern meinen Blick, aber ich sehe keine anderen größeren Bäume wie Eichen oder Buchen. Kaum ein Laut ist zu hören, doch da und dort raschelt es verstohlen. Jedes Mal steckt dann Waldi seine Schnauze blitzartig in irgendein Loch.

---

1 Diese Wörter hast du bereits früher kennen gelernt. Prüfe zusammen mit deiner Nachbarin oder deinem Nachbarn, ob du sie fehlerfrei schreiben kannst.

Jahrzehnt Kiefer verstohlen verlassen blitzartig entdecken verschwinden irgendein blühend anspruchslos vereinzelt rascheln bereits stecken Gewächs Verlandungszone

2 Wortpaare. Suche das dazugehörende Wort im Text. Vergleiche und schreibe es auf.

verlanden – die ______________________ die Vermutung – ______________________

wachsen – die ______________________ die Grenze – ______________________

blicken – der ______________________ laut – der ______________________

3 Das sind die neuen Lernwörter:

vorhanden Eiche blass sauer Moor
Schwamm einsam Wolle Buche
wunderbar Sumpf Dackel jedes Mal
Schnauze Moos hundert kaum siedeln

Lies die Lernwörter deutlich vor. Suche sie im Text und unterstreiche sie dort.

4 Fahre die Nomen bei Aufgabe 3 mit zwei verschiedenen Farbstiften nach.

5 Unter den Lernwörtern sind ein Verb und ein Zahlwort. Schreibe beide auf.

____

6 Geheimschrift

____

____

7 Sieben Wörter mit „u“:

					u							
					u							
					u							
					u							
					u							
					u							
					u							

Zehn Wörter mit „a“:

							a				
							a				
							a				
							a				
							a				
							a				
							a				
							a				
							a				
							a				

8 Wörter mit doppeltem Vokal oder mit doppeltem Konsonant.

M____r M____s Schwa________ Wo____e

9 Im Ausgangstext sind viele Wörter enthalten, die sich aus mehreren Wörtern zusammensetzen. Schreibe die Wörter einzeln auf, die du im Wort erkennst:

Flachmoor: das Moor – flach

Verlandungszone: ________ – ________

Sauergräser: ________ – ________

Sumpfpflanzen: ________ – ________

Wollgras: ________ – ________

blitzartig: ________ – ________

Bestimme die verschiedenen Wortarten.

10 Achte auf **ss** nach kurzem Vokal. Sprich deutlich und bilde verschiedene Wörter.

Nomen		Verben		Adjektive
die	←	erblassen	→	
der	←		←	hässlich
die Nässe	→		→	
die	←		←	fassungslos

11 Schreibe die Geschichte „Am Moor“ fehlerfrei ab.

Fünf Sekunden vor zwölf!

Bei der Erhaltung unserer Umwelt steht die Uhr nur noch wenige Sekunden vor zwölf. Für rücksichtsloses Eingreifen in die Natur über Jahrzehnte hinweg bekommen wir heute die alarmierende Quittung. Die Lufthülle um den Globus enthält immer mehr schädliche Gase. Die Luftverschmutzung nimmt gesundheitsgefährdende Ausmaße an. Ein Hauptübel dafür sind die industriellen Großöfen und der Autoverkehr. Die Qualität unserer Wälder und Gewässer nimmt bedenklich ab. Vogelkundler warnen bereits vor einem „stummen Frühling“. Im Bemühen um eine lebensgerechtere Umwelt reicht es nicht aus nur zu protestieren und zu kritisieren. Neben unserem eigenen täglichen Bestreben, uns umweltgerecht zu verhalten, sind auch die politischen Parteien und die Regierung zunehmend gefordert. Als gesetzliche Verpflichtung ist der Umweltschutz schon in der bayerischen Verfassung verankert.

1 Überprüfe mit deiner Partnerin oder deinem Partner, ob du die folgenden Wörter fehlerfrei schreiben kannst. Wenn du nicht sicher bist, übe mit den Hinweisen auf S. 49.

Umweltschutz gesetzlich im Bemühen kritisieren Jahrzehnt
gesundheitsgefährdend industriell Ausmaß Gewässer Frühling
Regierung Verpflichtung schädlich Vogelkundler

2 Die neuen Lernwörter:

Globus Übel protestieren Alarm streben Hülle
Qualität Anker politisch Sekunde Quittung
Verfassung Ofen stumm Gas Partei gerecht

Suche die Lernwörter im Text und unterstreiche dort jeweils das ganze Wort. Vergleiche sie.

3 Schreibe die fünf Lernwörter auf, die im Text in genau derselben Form vorkommen wie unter Nummer 2.

4 Schreibe die vier Lernwörter auf, die im Text mit einem anderen Wort zusammengesetzt sind.

5 Fahre bei den Lernwörtern unter Nummer 2 alle Wörter zweimal farbig nach, die mit den Buchstaben „A/a“, „G/g“, „P/p“ oder „S/s“ beginnen.

6 Welche zwei Lernwörter sind nicht zu trennen?

7 Sieben Lernwörter bestehen aus zwei Silben. Bei drei weiteren Lernwörtern kannst du den einzelnen Buchstaben abtrennen. Schreibe die zehn Wörter mit Trennstrich (Sil-ben) auf.

8 In diesen Silben sind fünf Lernwörter versteckt.

po	pro	Qua	kun	li	fas	li	tes
tät	Se	Ver	ren	sung	tisch	de	tie

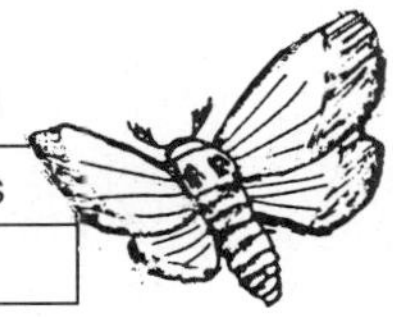

9 Lernwörter in den Bäumen.

10 Schreibe die Adjektive in den Steigerungsformen auf. Verwende sie in Sätzen.

kritisch – __________ – am __________

schädlich – __________ – am __________

gerecht – __________ – am __________

politisch – __________ – am __________

übel – __________ – am __________

11 Groß- oder Kleinschreibung?

(1) Die Entwicklung ist ALARMIEREND. (2) Peter löste einen ALARM aus.
(3) Die Abgase der Autos sind ein schlimmes ÜBEL. (4) Nach dem Essen wurde Inge ÜBEL.
(5) Michael ist BESTREBT in die Fußballmannschaft aufgenommen zu werden. (6) Im STREBEN nach guten Leistungen weiß Heike genau, was sie will.
(7) Die Lehrerin bemüht sich GERECHT zu sein. (8) Wenn jemand tief schläft, sagt man manchmal auch, er schläft den Schlaf des GERECHTEN.

12 Schreibe die Nachschrift in gewohnter Art in dein Heft ab.

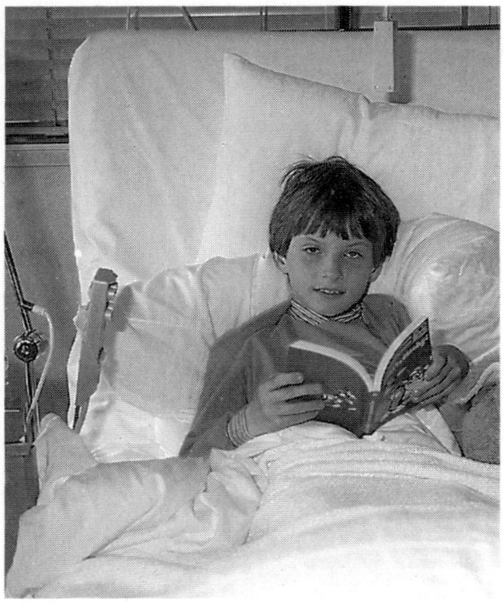

Liebe Silvia!
Entschuldige bitte, aber ich kann unser Ferientreffen nicht organisieren. Ich liege seit letztem Sonntag in der Klinik. Bei einem Wettspiel bin ich so unglücklich gestolpert, dass ich eine schlimme Verletzung mit einer Entzündung im Knie bekommen habe. Der Chefarzt sagte, ich müsse vorläufig zwei Wochen hier bleiben. Könntest du für mich alles Notwendige tun?
Es ist hier ziemlich langweilig. Allerdings ärgere ich mich jeden Morgen, wenn ich nach dem Aufwachen als Erstes mit dem Fieberthermometer meine Körpertemperatur messen muss. Außerdem mag ich es nicht, dass mir die Krankenschwester oft anschließend in den Finger sticht. Gegen den Durst bekomme ich nur Tee und keine Limonade, was ich gar nicht toll finde! Mit meiner Tante spiele ich manchmal Mühle. Wenigstens etwas!
Schöne Pfingstferien und liebe Grüße — deine Judith

1 Diese Wörter solltest du bereits richtig schreiben können. Überprüfe es mit deiner Nachbarin/deinem Nachbarn.

Ferientreffen Wettspiel unglücklich ziemlich Verletzung Arzt schlimm allerdings Körpertemperatur messen Krankenschwester anschließend Grüße langweilig

2 Lies die folgenden neuen Lernwörter halblaut und laut vor und unterstreiche sie im Text farbig.

stolpern Chef Entzündung Knie außerdem
Pfingsten Thermometer Klinik Durst Mühle
Tante entschuldigen organisieren Sonntag
stechen vorläufig Limonade Tee Fieber

3 Schreibe die Lernwörter mit einem Umlaut auf.

4 Du findest drei Lernwörter mit den Vorsilben „ent-“ oder „vor-“.

5 Lernwörter mit „-ie-“:

6 Drei Lernwörter beginnen mit „s/S“ und drei mit „t/T“:

7 Wie heißen die beiden Lernwörter mit vier oder fünf aufeinander folgenden Konsonanten?

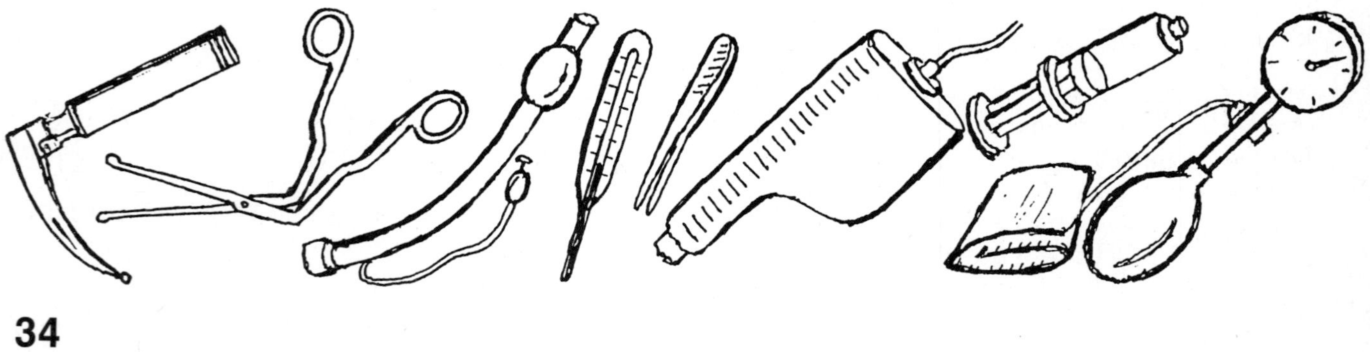

8 Bei drei Lernwörtern findest du eine Häufung von drei Konsonanten.

---

9 Dieses Gipsbein verzieren vier Lernwörter. Schreibe sie auf.

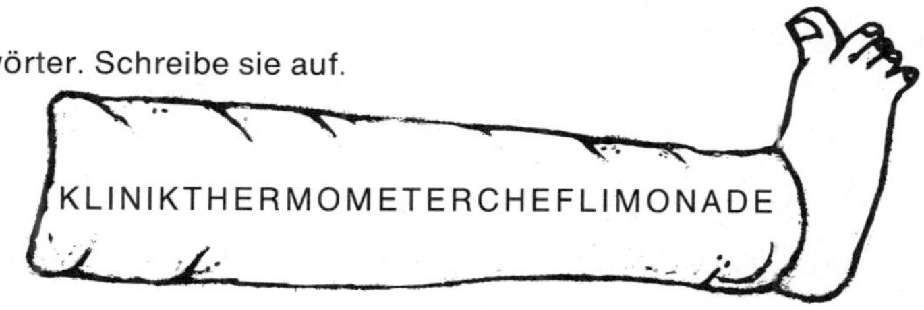

---

10 Suche das Reimwort unter den Lernwörtern.

Wurst – ______ lieber – ______

Barometer – ______ Schnee – ______

Stühle – ______ zechen – ______

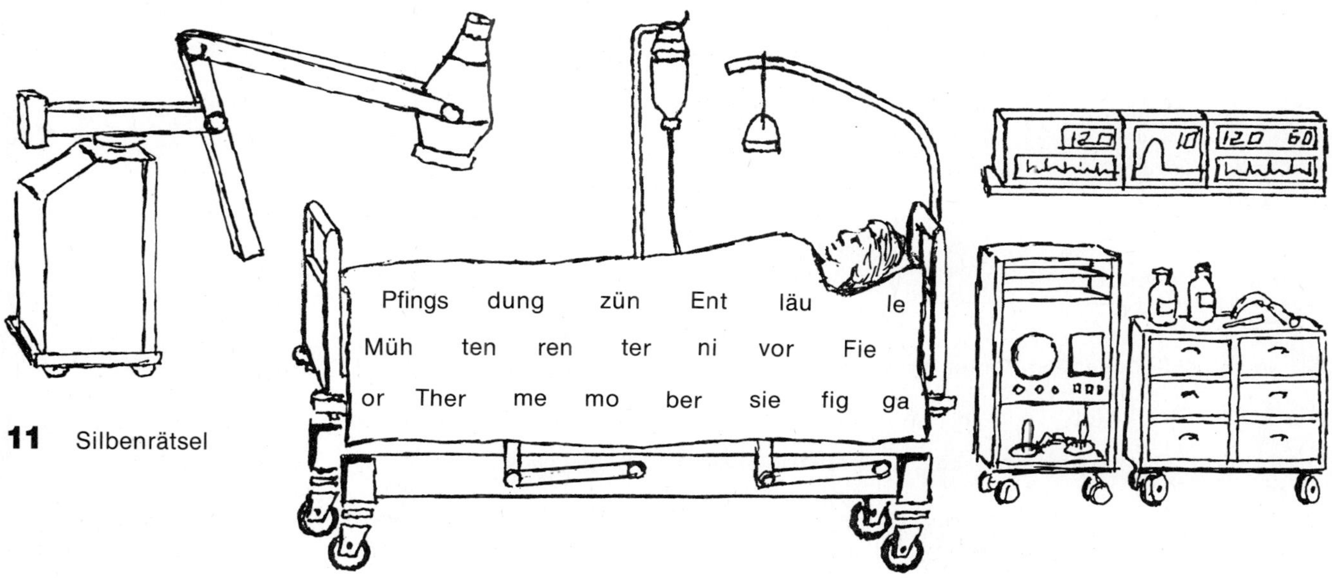

11 Silbenrätsel

---

12 Hier sind viele Buchstaben einzusetzen.

au . . . dem *. . . . . er .* *L . . . . a . .* *. . .*

K . . . *. . i . i .* *. . . f* *. a . . e* *. u . . .*

13 Nachsilben mit „-ig“ und „-lich“

schuldig glücklich ziemlich vorläufig eilig langweilig kräftig blutig schädlich gefährlich
windig persönlich pünktlich zufällig freundlich lustig herzlich ruhig friedlich festlich

a Ordne die Wörter nach der Nachsilbe: -ig | -lich

Lies die Wörter laut vor und achte darauf, wie die Nachsilben gesprochen werden.

b Trenne die Wörter und ordne sie nach der letzten Silbe.
schul - dig, ...
glück - lich, ...

14 Schreibe den Text der Nachschrift in dein Heft.

Alphabetische Ordnung der Wörter

Du hast gelernt, dass die Reihenfolge der Wörter im Wörterbuch durch das Alphabet bestimmt ist. Wenn der erste Buchstabe gleich ist, kommt es auf die folgenden an.

1 Unterstreiche in den folgenden Wortreihen den Buchstaben, der die Reihenfolge bestimmt.

Durst Ebbe Efeu eilen Einfall Eingang Elefant Element faul

fahren Finger fort Fracht frei frisch Fuchs Funk graben

Hummel Idee Igel Import Infektion innen Insekt Insel Instinkt

Kurve Kutsche Lager lahm Lamm Lampe laufen Lawine Leber

Paket Pfund picken Rad Ring Rolle Rose Rost Ruder Ruhm

2 Ordne die Wörter in jeder Zeile nach dem Alphabet ein.

blasen Bild biegen			blank		Blatt
Insel Idee Instrument impfen			innen		
Messe Meile melken Metall		melden			
Orden Orange Opfer Onkel			Optik		
Seil Seife Seite Seide seicht					

3 Welche der folgenden Wörter kannst du zwischen den beiden im Kasten einordnen? Unterstreiche sie rot.

Klima Knabe Klub Klavier Knecht Knie klirren Knochen

knicken knallen klopfen klug knattern kneten Kloß knistern

Knospe knirschen klemmen

Kloster
.
.
.
knittern

4 Welches Wort ist falsch eingeordnet? Kreise es ein und markiere den richtigen Platz.

Bock	Doktor	Flieder	Graf	Inspektor	Leber
Boden	Dolch	fliegen	Gramm	Instinkt	leer
Bohle	Dom	fliehen	Granit	Instrument	Legende
Bogen	Dollar	flicken	grantig	intelligent	Leder
bohren	Dorf	fließen	Grammatik	Installateur	Legion

5 Trage in die Lücken Wörter ein, die in der Reihenfolge des Alphabets passen. Nimm dein Wörterbuch zu Hilfe.

Gebet Gebiet ______ Gebot ______ Gedächtnis ______

Hafer ______ Hagel ______ ______ Hahn

Karpfen ______ ______ Karussell ______ Kasse

Lied ______ ______ ______ ______ Liga

Pfeffer ______ ______ ______ ______ Pfiff

Schal ______ ______ Scham ______ Schaum

Tank ______ Tante ______ ______ Tatze

Auskünfte des Wörterbuches

Bei allen Stichwörtern in deinem Wörterbuch findest du mehrere Angaben und Erklärungen, z. B.:

der	Kaktus,	des Kaktus,	die Kakteen
Artikel	Betonung (kurz)	Genitiv	Plural

1 Sprecht darüber, welche Hinweise bei den folgenden Stichwörtern gegeben sind.

erfrieren; du erfrierst, er erfriert, er erfror, er ist erfroren, aber: er hat sich die Füße erfroren

hart; härter, am härtesten; hart auf hart; eine harte Währung; die **Härte**

informieren (Auskunft geben, benachrichtigen); du informierst ihn, er informierte ihn, er hat ihn informiert, informiere ihn!; sich informieren; er hat sich genau informiert

interessant; am interessantesten; *Trennung:* in|te|res|sant

das **Interview** [*int^{e}rwju*, auch: *int^{e}rwju*] (Befragung, Unterredung); des Interviews, die Interviews; **interviewen** [*int^{e}rwju^{e}n*] (befragen); du interviewst, er interviewt, er interviewte

das **Insekt** (Kerbtier): des Insekt[e]s, die Insekten

die **Inspektion** (Kontrolle, Aufsicht, Besichtigung); *Trennung:* In|spek|tion

nehmen; du nimmst, er nimmt, er nahm, er hat das Geld genommen

schwach; schwächer, am schwächsten; er hat eine schwache Stunde

2 Unterstreiche die Angaben, die du immer oder sehr häufig findest bei:

Nomen →	Trennung	Genitiv	Plural	Artikel	Aussprache
Verben →	Präsens	Präteritum	Imperativ	Infinitiv	
Adjektive →	Grundstufe	Betonung	Steigerungsform	Herkunft	Wortableitung

3 Ordne die Nomen nach dem Geschlecht. Nimm dein Wörterbuch und gib an, auf welcher Seite das Wort steht.

Bambus, Schoner, Barock, Basar, Bilanz, Biskuit, Waise, Existenz, Virus, Florett, Henkel, Grad, Hektar, Heuer, Kiosk, Magma, Membran, Safari

maskulin	Seite	feminin	Seite	neutral	Seite
der		die		das	

4 **a** Bei einigen Wörtern ist die Trennung nicht leicht. Schlage die Wörter nach und setze die Trennstriche.

Aqua|ri|um Baldrian Expedition exakt Gymnasium Gymnastik Hydrant

Manuskript Mosaik Orchester Patient Patrone Republik System

____

____

____

____

b Suche selbst wichtige Wörter und lass sie von deiner Partnerin/deinem Partner trennen.

5 Welche Angaben findest du bei den Stichwörtern dieses Ausschnitts? Schreibe sie so auf:

grell [greller, am grellsten]: die Sonne scheint grell (störend hell)

Grill der [*engl.*, des Grill(e)s, die Grills]

Grille die: die Grillen zirpen

grillen; du grillst, sie hat gegrillt

Grimm der [des Grimm(e)s]: Zorn

grimmig [am grimmigsten]

grinsen; du grinst, er grinste, sie hat gegrinst

grob [gröber, am gröbsten]: grobes Garn, eine grobe Lüge

Grog der [*engl.*, des Grogs, die Grogs]: heißes Getränk aus Wasser, Zucker und Rum

grölen; du grölst (lärmst, schreist), er grölte, er hat gegrölt

Groll der [des Groll(e)s]: Ärger

grollen; du grollst, er grollte, er hat gegrollt

groß [größer, am größten]: ein großes Haus, eine große Rede

Nomen mit Artikel	im Genitiv	im Plural

Verben im Präsens	Perfekt/Präteritum

Adjektive im Komparativ	im Superlativ

6 Bei vielen Stichwörtern findest du noch weitere Wörter aus der Wortfamilie des Stichworts angegeben, z. B.:

retten — der **Rett**er/die **Rett**ung — **rett**ungslos

Ordne die Wörter aus den Lexikonausschnitten nach den Wortarten in einer Tabelle:

die **Feier;** der **Feierabend; feierlich; feiern;** du feierst, er feiert, er feierte

der **Frost;** die Fröste; **frösteln;** du fröstelst, er fröstelt, er fröstelte, er hat gefröstelt, mich fröstelt; **frostig**

die **Hast; hasten;** du hastest, er hastet, er hastete, er ist zum Bahnhof gehastet, haste nicht!; **hastig**

industrialisieren (mit Industrieanlagen ausstatten); er hat das Land industrialisiert; die **Industrialisierung;** die **Industrie;** die Industrien; **industriell**

der **Jammer; jämmerlich; jammern**

die **Klinik** (Krankenanstalt); die Kliniken; **klinisch**

die **Melodie;** die Melodien; **melodisch**

die **Phantasie** (Vorstellungskraft; Wunschbild); die Phantasien; **phantasieren;** du phantasierst, er phantasierte, er hat phantasiert, phantasiere nicht!; **phantastisch**

die **Reparatur; reparaturbedürftig;** die **Reparaturwerkstatt; reparieren;** du reparierst, er repariert

die **Spur; spuren** (sich fügen); du spurst, er spurt, er spurte, er hat gespurt, spure endlich!; **spurlos; spüren;** du spürst, er spürt, er spürte

Nomen	Verben	Adjektive
die Feier	feiern	feierlich
der Feierabend		
der Frost	frösteln	

Gebeugte Formen nachschlagen

Nicht immer stehen Wörter in der Form, in der du sie schreiben musst, als Stichwörter (meist fett gedruckt) in deinem Wörterbuch. Du musst dann wissen, welche Wortform du nachschlagen musst.

1 Welche Nomen passen zu den Abbildungen? Schreibe das passende Wort direkt unter das Bild und das zugehörige Stichwort in die Zeile darunter.

das **Fass:** Fasses, Fässer
das **Glas:** -es, Gläser; der **Glaser**
der **Hammer:** -s, Hämmer; **hämmern**
die **Nuss:** -, Nüsse; der **Nussknacker**
der **Stuhl:** -(e)s, Stühle
die **Wurst:** -, Würste; das **Würstchen**

Fässer ______
Fass ______

______
______

______
______

______ ______ ______
______ ______ ______

2 Suche zu den unterstrichenen Wortformen im Text das Stichwort im Wörterbuch. Schreibe es auf.

Gestern schien die Sonne den ganzen Tag. Schon am Morgen brachten wir unser Boot zum See. Als wir es ins Wasser schoben, sah Heinz die Ruder nicht. „Sie lagen doch immer im Boot!“, rief er. „Wer hat sie bloß genommen?“ Aber Peter beruhigte ihn. Er trug sie unter dem Arm.

Stichwörter	

sehen: du siehst, er sah, er hat gesehen, sieh(e)!; er sieht noch gut
liegen: du liegst, er lag, er hat gelegen
nehmen: du nimmst, er nahm, er hat genommen, nimm!
bringen: du bringst, er bringt, er brachte; er hat den Korb gebracht
schieben: du schiebst, er schob, er hat geschoben, schieb(e)!
scheinen: du scheinst, er schien, er hat geschienen, schein(e)!
der **Ruf:** die Rufe; **rufen:** du rufst ihn, er ruft ihn, er rief ihn; er hat den Arzt gerufen
tragen: du trägst, er trug, er hat getragen, trag(e)!; eine Tasche tragen

3 Auch bei den folgenden Steigerungsformen der Adjektive fehlt die Form, in der du sie in deinem Wörterbuch als Stichwort findest. Suche sie und trage sie ein. Gib die Seitenzahl an.

näher

kälter — am kältesten
höher — am höchsten
härter — am härtesten
größer — am größten

1 ______ S. ______
2 ______ S. ______
3 ______ S. ______
4 ______ S. ______
5 ______ S. ______

am nächsten

4 Sprecht darüber, in welcher Form die folgenden Wörter als Stichwörter im Wörterbuch stehen. Schreibt auf.

Im Wörterbuch finde ich

die **Stichwörter** von:	Nomen	in der ____________
	Verben	in der ____________
	Adjektiven	in der ____________

5 Besonders wichtig ist es für dich, das richtige Stichwort zu wissen, wenn du beim Schreiben einer Wortform unsicher bist. Trage zu den folgenden Beispielen die Stichwörter ein. Nutze dazu dein Wörterbuch.

	Stichwort	richtige Schreibung	Seite
sie r [i?ie] ben ⟶			
er blie [s?ß] ⟶			
sie br [i?ie] t ⟶			
er fra [ß?s] ⟶			
ich pfi [ff?f] ⟶			
wir verga [s?ß] en ⟶			
er wan [t?dt] e sich um ⟶			
wir verlo [h?] ren ⟶			

6 Bei der folgenden Erzählung hatte der Schreiber Probleme mit gebeugten und gesteigerten Wörtern.

Letzten Sonntag lies meine Schwester ihren Zwerghasen im	R 1
Garten frei laufen. Er rante lustig von einer Ecke in die andere, bis	R 2
er nicht mehr konte. Nun sas er ganz still da und schnupperte	R 3, R 4
an den hohen Gresern. Aber als meine Schwester ihn streicheln	R 5
wollte, began er wieder herumzurennen. Wir lifen hinterher,	R 6, R 7
erwischten ihn aber nicht. Uns wurde immer wermer und wir	R 8
griffen zu einer List. Als der Hase still sitzen blieb, schliechen wir	R 9
von hinten heran und stülpten den Käfig über ihn.	

Suche die Fehler in den Zeilen mit einem „R" und verbessere sie mit Hilfe deines Wörterbuches so:

So heißt das Stichwort:				So wird das Wort im Text geschrieben:			
1	lassen	2		1	ließ	2	
3		4		3		4	
5		6		5		6	
7		8		7		8	
9				9			

Nachschlagewerke vergleichen

Die folgenden Ausschnitte aus Wörterbüchern für die Hauptschule zeigen alle den Anfang des Wörterverzeichnisses beim Buchstaben „F"; sie enden alle beim Stichwort „Fackel".

F

f = forte
die **Fabel** (Tiererzählung); die Fabeln; **fabelhaft**
die **Fabrik;** *Trennung:* Fab|rik; der **Fabrikant** (Hersteller); des/dem/den Fabrikanten, die Fabrikanten; *Trennung:* Fab|ri|kant; das **Fab|ri|kat;** *Trennung:* Fab|ri|kat; **fabrizieren** (herstellen): *Trennung:* fab|ri|zie|ren; du fabrizierst, er fabriziert, er fabrizierte, er hat etwas fabriziert
fabulieren (Geschichten erfinden); er hat gern fabuliert
das **Facettenauge** [*faßät^{e}n...*] (Netzauge bei Insekten)
das **Fach;** die Fächer; der **Facharzt; fächeln;** du fächelst, er fächelt, er fächelte, er hat sein Gesicht gefächelt; der **Fächer;** der **Fachmann;** die Fachmänner und die Fachleute; **fachsimpeln** (sich über fachliche Dinge unterhalten); du fachsimpelst, er fachsimpelte, sie haben gefachsimpelt; das **Fachwerkhaus**
die **Fackel;** die Fackeln; **fackeln;** du fackelst, er fackelt, er fackelte, er hat nicht lange gefackelt, fackele nicht lange!; der **Fackelzug**

F

die **Fabel,** die Fabeln; fabulieren
die **Fab | rik,** die -en; die Fab | rikation;
der Fab | rikant, des -en, die Fabrikanten: fab | rizieren, fabriziert
das **Fach,** die Fächer; fachlich;
der Fächer; fächern; fächeln, ich fächele
die **Fackel,** die Fackeln; der Fackelzug; fackeln; es wird nicht lange gefackelt

F

Fabel, die: -, -n; (kleine erdichtete Erzählung, oft mit einer Lehre); das **Fabelbuch,** die **Fabelei,** das **Fabeltier; fabelhaft; fabulieren**
Fabrik [101], die: -, -en; der **Fabrikant,** der **Fabrikarbeiter,** das **Fabrikat; fabrikneu; fabrizieren**
Fach, das: -(e)s, Fächer; der **Facharzt,** das **Fachgeschäft,** der **Fachlehrer,** der **Fachmann,** das **Fachwerkhaus; fachgemäß, fachlich, fachkundig, fachmännisch; fachsimpeln** (Fachgespräche führen) [141]
Fächer, der: -s, -; die **Fächerpalme; fächerförmig; fächeln**
Fackel [85], die: -, -n; der **Fackelzug; fackeln:** wir wollen nicht lange fackeln (zögern)

F

Fa.: = Firma
die **Fabel:** -, -n; (kleine, lehrhafte Erzählung); **fabulieren; fabelhaft**
die **Fabrik:** -, -en; der **Fabrikant;** das **Fabrikat;** die **Fabrikation; fabrizieren**
das **Fach:** -(e)s, Fächer; der **Facharbeiter;** der **Facharzt;** das **Fachgebiet;** das **Fachgeschäft;** der **Fachmann;** die **Fachschule; fachkundig; fachlich; fachmännisch**
der **Fächer:** -s, -; (Luftwedel); **fächeln**

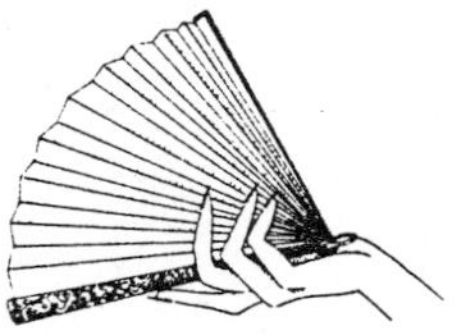

die **Fackel:** -, -n; **fackeln:** er fackelt (zögert, zaudert) nicht lange

1 Vergleicht die Anzahl der Stichwörter bei den einzelnen Ausschnitten.

2 Sprecht darüber, welches Wörterbuch die meisten Auskünfte zu den einzelnen Stichwörtern gibt.

3 Vergleicht mit dem Wörterbuch, das ihr in eurer Klasse benutzt. Sprecht darüber, mit welchem Wörterbuch ihr am besten arbeiten könnt.

4 Vergleiche in den folgenden Ausschnitten das Stichwort „Moschee".

Moschee [arab.] *w*, Kultgebäude des Islams, mit einem oder mehreren schlanken Türmen (↑ Minarett), das Dach oft aus einer oder mehreren Kuppeln. In der M. findet sich die nach Mekka ausgerichtete Gebetsnische (Mihrab) und die Predigtkanzel (Mimbar). Geschmückt sind die Moscheen mit kunstvollen Ornamenten u. mit Koransprüchen, die in künstlerischer Schrift gestaltet sind (keine Darstellung von Personen). Bei jeder M. ist ein Brunnen zu finden, an dem die Gläubigen die Waschungen, die vor jedem Gebet vorgeschrieben sind, vornehmen.

Moschee Selems II. (1570–74) in Edirne (Türkei)

der **Mörser**
der **Mörtel;** die Mörtel
das **Mosaik** (Bildwerk aus bunten Steinchen); die Mosaiken (auch: die Mosaike); *Trennung:* Mo|sa|ik
Mosambik, der **Mosambiker, mosambikisch,** ↑ Moçambique usw.
die **Moschee;** die Moscheen
die **Mosel** (deutscher Fluss)
Moskau (Hauptstadt Russlands); **moskauisch** (Adj.)
der **Moskito** (eine Stechmücke); des Moskitos, die Moskitos; das **Moskitonetz**
der **Moslem** (Anhänger des Islams); die Moslems; *Trennung:* Mos|lem

– Woran erkennst du den Wörterbuchausschnitt, woran den Ausschnitt aus dem Lexikon?
– Wo schlägst du nach, wenn du wissen willst, was eine Oase ist?
– Wo schlägst du nach, wenn du wissen willst, wie das Wort „Oase" betont wird?

5 Sprecht darüber, welche Fragen besser mit einem Wörterbuch, welche besser mit einem Lexikon zu beantworten sind.

Bei diesen Wörtern hilft die Ableitung

Fahre das Wort nach.	Setze ein und schreibe das Wort ab.		Setze das Wort zusammen und schreibe es auf.	Ergänze das Wort und schreibe es ab.
laut	(äu)	l □□ ten ______	n äu t e l ein ______	das Ge / □□ / ______
Haut	(äu)	h □□ ten ______	äu n t h e ab ______	die H □□ / / / ______
taub	(äu)	bet □□ ben ______	t t e b äu b ______	die Be / □□ / / / ______
glauben	(äu)	gl □□ big ______	l b g g i äu un ______	die / / □□ / / / keit ______
tauschen	(äu)	t □□ schen ______	äu n e sch t ent ______	die / / / / □□ / / / / / / ______
sauer	(äu)	s □□ ern ______	äu ch r e l i s ______	die / □□ / / ______
kaufen	(äu)	k □□ flich ______	k ch f i l äu ver ______	der / / / / □□ / / / ______
schwach	(ä)	schw □ chen ______	ä i ch l ch sch w ______	die / / / / □ / / ______
satt	(ä)	s □ ttigen ______	t i t g t ä s ge ______	die / □ / / / / / / / ______
zart	(ä)	verz □ rteln ______	ch r t l i ä z ______	die / □ / / / / / / / / / / ______
Kampf	(ä)	k □ mpfen ______	p f t m k ä abge ______	der / □ / / / / / ______
Schaden	(ä)	sch □ digen ______	sch d i l ch ä ______	die Be / / / □ / / / / / / ______

Endsilben helfen Wörter erkennen

	Nomen —— ung, heit, keit, nis	Adjektive —— ig, lich, los, bar
Fahre das Wort nach und schreibe es ab.	Setze ein und schreibe das Wort ab.	Setze das Wort zusammen und schreibe es auf.
bezahlen __________	□ezahl□□□ die __________	z l h a o l s __________
erleben __________	□rleb□□□ das __________	l b o l e s __________
bewegen __________	□eweg□□□ die __________	u b w n e lich g e __________
mischen __________	□isch□□□ die __________	v m sch e b r r i n __________
trauern __________	□raurig□□□□ die __________	r au t i r g __________
erschrecken __________	□rschrocken□□□□ die __________	sch e r ck ch i l __________
häufen __________	□äufig□□□□ die __________	äu i h f g __________
wünschen __________	□erwünsch□□□ die __________	u sch w l n s o __________
verletzen __________	□erletz□□□ die __________	e l v r t z b r e a __________
vergessen __________	□ergessen□□□□ die __________	e s l r v i s g e ch __________
überwinden __________	□berwind□□□ die __________	u r ü n e b b r w i d n a __________
gewöhnen __________	□ewöhn□□□ die __________	l g w ö e h i n ch __________

Hier kannst du Verben mit der Endung „-ieren“ üben

Fahre das Wort nach und schreibe es ab.	Sprich das Wort laut und ergänze es.	Sprich das Wort und trenne es.	Wie heißt das dazugehörende Nomen?
gratulieren	gratu	gra - tu - lie - ren	l i r a G t t a o u n die
kontrollieren	kont		o r K l l t o e n d
konzentrieren	kon		d
korrigieren	korri		r r k K u r e t o d
kritisieren	kriti		d
organisieren	or		d
subtrahieren	sub		d
addieren	a		d
protestieren	pro		d
reparieren	re		R t p a a e u r r d
multiplizieren	mult		d
dividieren	en		d

Bei diesen Adjektiven hilft dir das Verlängern

Schreibe das Wort ab.	Ergänze die Trennsilbe und schreibe das Wort ab.	Setze das fehlende Wort ein.	Ergänze das Wort im Satz.
lustig __________	etwas *Lusti* - . . . etwas __________	*eine* *Geschichte*	Er lacht über die . . . . Clowns.
traurig __________	nichts *Trauri* - . . . nichts __________	*ein* *Anlass*	Sie erhielt eine . . . . Nachricht.
gewaltig __________	etwas *Gewalti* - . . . etwas __________	*ein* *Schrecken*	Es packte ihn eine . . . . Angst.
giftig __________	viel *Gifti* - . . . viel __________	*ein* *Pilz*	Vor . . . . Pilzen wird gewarnt.
prächtig __________	viel *Prächti* - . . . viel __________	*ein* *Saal*	Er staunte über das . . . . Kleid.
schmutzig __________	manches *Schmutzi* - . . manches __________	*Wäsche*	Die . . . . Hose wird gereinigt.
gefährlich __________	nichts *Gefährli* - . . . . nichts __________	*eine* - *Straße*	Er fürchtete die . . . . Kurve.
hässlich __________	alles *Hässli* - . . . alles __________	*eine* *Tat*	Es bot sich ein . . . . Bild
schrecklich __________	etwas *Schreckli* - . . . . etwas __________	*ein* - *Unglück*	Die . . . . Tat entsetzte alle.
herzlich __________	viel *Herzli* - . . . . viel __________	*viele* *Grüße*	Sie freute sich über die . . . . Grüße.
niedlich __________	etwas *Niedli* - . . . . etwas __________	*ein* *Tier*	Sie streichelte die . . . . Katze.
herrlich __________	alles *Herrli* - . . . alles __________	*ein* *Tag*	Er genoss die . . . . Aussicht.

Wörter mit „end-“ von Ende oder der Vorsilbe „ent-“

Fahre das Wort nach und schreibe es ab.	Ergänze das Wort. Unterstreiche „end-“ und „ent-“ mit zwei Farben.	Trenne die Wortteile „end-“ und „ent-“ ab. Unterstreiche sie mit zwei Farben.	Bilde neue Wörter mit „End-/end-“ oder „Ent-/ent-“. Erkläre sie.
der Endspurt	spurt	End - spurt	der Lauf
das Endspiel	spiel		die Runde
endlos	los		der Punkt
endgültig	gültig		die Station
endlich	lich		das Ergebnis
die Entzündung	zündung		die Schuld
entstehen	stehen		laufen
die Entdeckung	deckung		halten
entgehen	gehen		schließen
der Endzweck	zweck		die Abrechnung
entscheiden	scheiden		täuschen
entlang	lang		wickeln

„Paar“ oder „paar“?

Betrachte die Abbildung, erkläre und fahre die Wörter nach.	Ergänze das Wort und erkläre die Schreibweise.	„Paar“ oder „paar“? Prüfe dich.
 ein Paar Schuhe	 ein ________ Schuhe	Peter brauchte EIN PAAR TURNSCHUHE. ein ________
 ein Paar Socken	 ein ________ Socken	Lena kaufte EIN PAAR KNIESCHÜTZER. ein ________
 ein Paar Ski	 ein ________ Ski	Vater bekam EIN PAAR MANSCHETTENKNÖPFE. ________
 ein paar Fotos	 ein ________ Fotos	Elke hielt EIN PAAR KIRSCHEN in der Hand. ________
 ein paar Münzen	 ein ________ Münzen	Inge hatte EIN PAAR TAGE Urlaub. ________
  ein paar Leute	 ein ________ Leute 	Tom hielt EIN PAAR AUGENBLICKE inne. ________
 ein Paar Handschuhe	 ein ________ Handschuhe	Klaus wünschte sich EIN PAAR SKISTÖCKE. ________
 ein Paar Eheringe	 ein ________ Eheringe	Heike hätte gern EIN PAAR ROTE OHRENSCHÜTZER. ________
 ein paar Knöpfe	 ein ________ Knöpfe	Auf dem Schrank lagen EIN PAAR ZEITUNGEN. ________
 ein paar Bälle	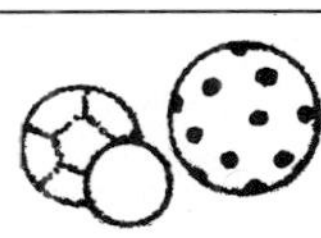 ein ________ Bälle	Der Trainer spielte ihm EIN PAAR BÄLLE zu. ________

Hier sind Adjektive Teil eines Namens, eines einmaligen Begriffes

Fahre den Namen im Satz farbig nach und schreibe ihn ab.	Streiche das nicht zum Namen gehörende Wort und schreibe den Namen richtig auf.	Setze den Namen im Satz ein.
Der Bayerische Wald ist ein beliebtes Ferienziel. der ______	der [B/bayerische / D/deutsche] Wald ______	Immer mehr Feriengäste besuchen den ______ ______.
Das Rote Kreuz hilft Verletzten. das ______	das Rote [Tuch / Kreuz] ______	Die Männer des ______ ______ kommen zur Unfallstelle.
Die Olympischen Spiele finden alle vier Jahre statt. ______	die Olympischen [Spiele / Orte] ______	Nur die besten Sportlerinnen und Sportler kommen zu den ______ ______.
Der Heilige Abend ist am 24. Dezember. ______	der [H/heilige / S/stille] Abend ______	Viele Kinder erwarten den ______ ______ mit großer Freude.
Das Neue Testament ist ein Teil der Bibel. ______	das Neue [Buch / Testament] ______	Die Nonnen im Kloster studieren täglich das ______ ______.
Die Deutsche Bahn bietet viele Sonderfahrten. ______	die Deutsche [Sprache / Bahn] ______	Die Fernreisezüge der ______ ______ sind bequem und schnell.
Die Chinesische Mauer ist etwa 6250 km lang. ______	die Chinesische [Mauer / Bevölkerung] ______	Die ______ ______ ist das größte Bauwerk der Erde.
Die Fränkische Schweiz hat viele Tropfsteinhöhlen. ______	die Fränkische [Schweiz / Tracht] ______	Die Tropfsteinhöhlen in der ______ ______ werden oft besucht.

Suche weitere Beispiele in deinem Atlas, im Erdkunde- oder Geschichtsbuch.

Hier findest du Übungen für Wörter, die dir Schwierigkeiten bereiten

1 Du kannst Wörter gezielt lernen und üben, indem du sie den folgenden drei Gruppen zuordnest:

Automat Denkmal stampfen	→	Bei diesen Wörtern hilft dir deutliches Sprechen und genaues Hinhören.	
Stängel mild Finsternis	→	Bei diesen Wörtern hilft Nachdenken über Wortverwandte oder eine Merkhilfe.	→ Stange → milder → Endung „-nis" = Nomen
Beet Kaiser Chor	→	Bei diesen Wörtern musst du dir etwas einprägen.	→ ee → ai → ch

Kläre mit deinem Partner, welcher Gruppe du diese Wörter zuordnen kannst.

angenehm	Moos	blasen	Vitamin	Wächter	wunderbar	Erlebnis	gehorchen

Überprüfe Wörter, bei denen dir Fehler passieren, immer auch danach, welcher Gruppe du sie zuordnen kannst.

2 Wörter, die du noch nicht beherrscht, kannst du in eine Liste eintragen; die Listen kannst du in einem Ordner sammeln. Deine „Trainingsliste" kann so aussehen:

Meine Fehlerwörter	richtig?					5 x richtig ☺
	1	2	3	4	5	
~~schädlich~~	r	r	r	r	r	schädlich
verwandt	r					
...						

So kannst du arbeiten:
- Du trägst deine Fehlerwörter (natürlich richtig) ein und unterstreichst deine Fehlerstelle.
- Arbeite an zwei oder drei Wörtern nach den Anweisungen 3 bis 7 dieser Seite.
- Lass dir die geübten Wörter vom Partner diktieren.
- Trage ein r in die Spalten hinter deinem Fehlerwort ein, wenn du richtig geschrieben hast. Bei fünf r kannst du das Wort auf die rechte Seite der Liste übertragen und es auf der linken Seite durchstreichen.

3 Lies das Wort langsam. Sprich es so deutlich, dass du seine Laute hörst.

4 Schreibe das Wort groß und breit auf deinen Block ab. Sprich dabei deutlich mit. *Material*

5 Schreibe das Wort ab und rahme es farbig ein. *praktisch* *Pfanne*

6 Lies das Wort ganz. Decke es dann Buchstabe für Buchstabe auf und buchstabiere leise mit. *opfern* →

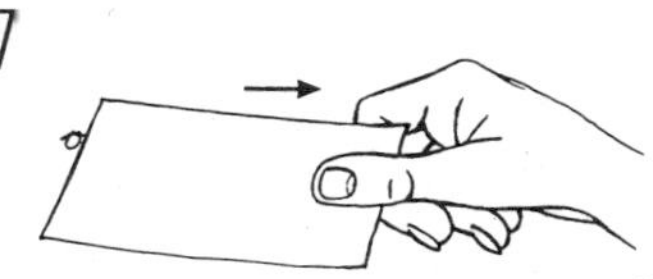

7 Schau dir dein Wort genau an. Decke es dann ab und schreibe es aus der Vorstellung in Geheimschrift auf. *aktuell* → *aktuell*

8 Schlage das Wort im Wörterbuch nach. Schreibe eine Zusammensetzung oder eine andere Wortform heraus.
gefährden → gefährlich, du gefährdest, die Gefahr, ...

9 Schreibe die Nomen unter deinen Wörtern im Singular und im Plural.

10 Schreibe die Verben unter deinen Wörtern in der „du-Form" im Präsens und im Präteritum. Überprüfe sie im Wörterbuch.

11 Schreibe die Adjektive unter deinen Wörtern als Attribut zu einem Nomen. *hoch → der hohe Baum*

12 Sprich das Wort deutlich in seinen Wortteilen und schreibe es getrennt auf. Kontrolliere es im Wörterbuch.

13 Suche im Verzeichnis S. 51 bis 56 Reimwörter zu deinem Wort und schreibe sie untereinander auf:
gratulieren – probieren – reparieren – ...

14 Setze deine Verben mit möglichst vielen dieser Vorsilben zusammen.

ver	vor	er	an	ab	auf	be	ein

15 Schreibe das Wort ab und kennzeichne schwierige Stellen durch Unterstreichen. *schnitzen*

16 Suche im Verzeichnis S. 51 bis 56 drei Wörter mit der gleichen Schwierigkeit. Schreibe sie untereinander auf.

Zügig und sauber schreiben

Manchen Schülern fällt es nach der Grundschulzeit nicht leicht die nun umfangreichen Texte in der gleichen Zeit zu schreiben. In der Hauptschule wird ihre Schrift oft schwer lesbar – wie in diesen Beispielen:

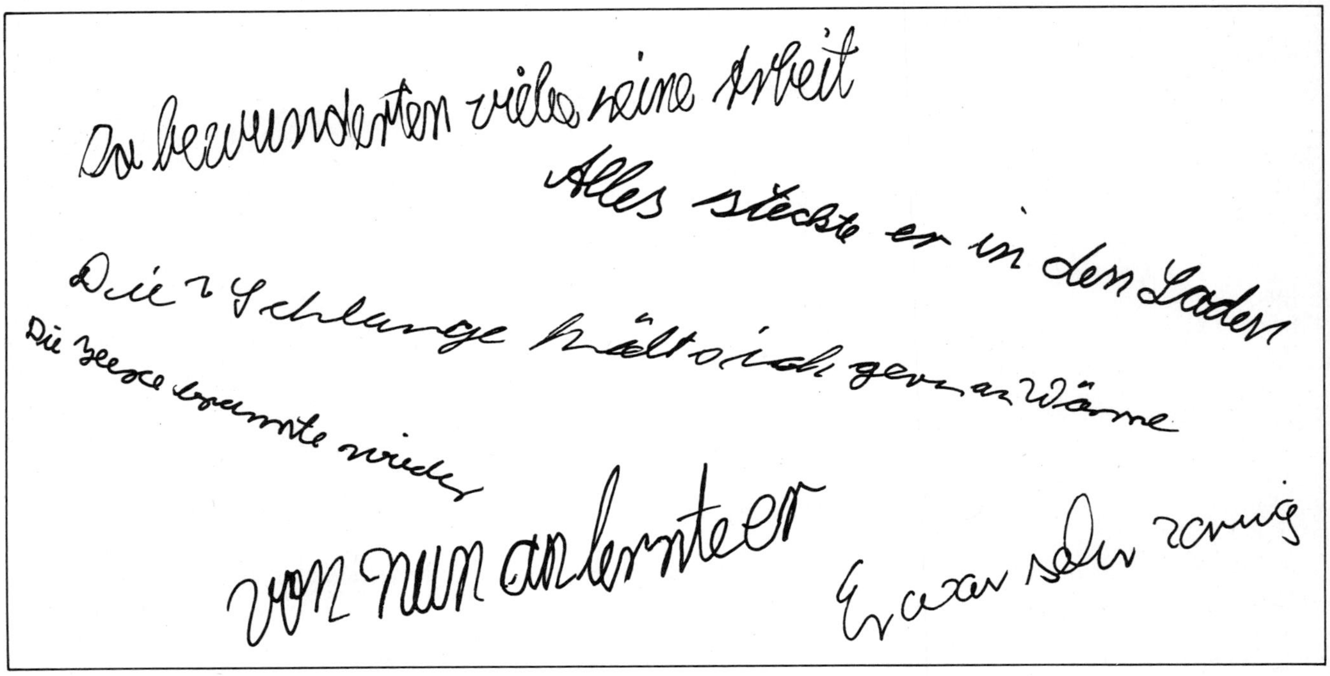

1 Sprecht darüber, wodurch bei diesen Schriften das Lesen erschwert wird. Unterstreicht diese Stellen farbig.

2 Vergleicht die Beispiele mit eurer Schrift. Sprecht darüber, ob auch euch solche Fehler passieren.

3 Wenn dir einzelne Buchstaben das saubere und flüssige Schreiben erschweren, so kannst du dir vielleicht mit vereinfachten Formen helfen. Du lässt z. B. Wellen, Schleifen und Bögen in den folgenden Buchstaben weg.

Wellen ~	Schleifen ℓ	Bögen C
F I J T	H L S X	A K N R P

a Schreibe die folgenden Zeilen zügig und sauber ab. Miss die Zeit.

Sohn *Lack* *Fahne* *Post* *Hahn* *Kette* sek.

Sohn *Lack* *Fahne* *Post* *Hahn* *Kette* sek.

b Stelle fest, welche Vereinfachungen dir das zügige und saubere Schreiben erleichtert haben. Benutze diese Formen.

4 Dies sind die Buchstabenformen der vereinfachten Ausgangsschrift:

A B C D E F G H I J *a b c d e f g h i*

K L M N O P Qu R *j k l m n o p qu* *sch st*

S T U V W X Y Z *r s s t u v w x y z* *ß ß tz*

Kreise die Buchstaben ein, von denen du meinst, sie könnten dir helfen sauber und flüssig zu schreiben. Probiere sie zuerst beim Schreiben einzelner Wörter und dann beim Schreiben von Texten aus.

Liste der Lernwörter für das 6. Schuljahr

1 Unterstreiche alle Wörter, die du geübt hast.

2 Gib im Kästchen an, ob du ein Wort kannst (+) oder noch nicht (–).

A

- ☐ Abschied
- ☐ Adresse
- ☐ aktuell
- ☐ Alarm
- ☐ angenehm
- ☐ Anker
- ☐ Anorak
- ☐ anzünden
- ☐ Apfelsine
- ☐ Apparat
- ☐ Appetit
- ☐ Aufregung
- ☐ außerdem
- ☐ Ausweis
- ☐ Automat

B

- ☐ basteln
- ☐ Beet
- ☐ berichtigen
- ☐ Berlin
- ☐ betteln
- ☐ Biene
- ☐ Bier
- ☐ blasen
- ☐ blass
- ☐ Bleistift
- ☐ Blüte
- ☐ braten
- ☐ Buche
- ☐ bürsten

C

- ☐ Chance
- ☐ Chef
- ☐ Chemie
- ☐ Chor

D

- ☐ Dackel
- ☐ damals
- ☐ Dampf
- ☐ Demokratie
- ☐ Denkmal
- ☐ dröhnen
- ☐ duften
- ☐ dünn
- ☐ Durst

E

- ☐ Ebbe
- ☐ ehemals
- ☐ ehrlich
- ☐ Eiche
- ☐ eigen
- ☐ Eigentum
- ☐ einige
- ☐ einsam
- ☐ einschalten
- ☐ elektrisch
- ☐ elf
- ☐ endlich
- ☐ Energie
- ☐ entschuldigen
- ☐ Entzündung
- ☐ Erdöl
- ☐ erdulden
- ☐ ernst
- ☐ erreichen
- ☐ erschrecken
- ☐ erwischen
- ☐ Erz
- ☐ etwa

F

- ☐ fangen
- ☐ Feder
- ☐ Fell
- ☐ Fernsehen
- ☐ Fieber
- ☐ Finsternis
- ☐ fit
- ☐ flüchten
- ☐ Flugzeug
- ☐ Flut
- ☐ fromm
- ☐ Frühstück

G

- ☐ Gans
- ☐ Gas
- ☐ gefährden
- ☐ gegebenenfalls
- ☐ gehorchen
- ☐ gerecht
- ☐ Geschwister
- ☐ Geselle
- ☐ Gesellschaft
- ☐ Gewürz
- ☐ Glas
- ☐ Globus
- ☐ gratulieren
- ☐ grau
- ☐ gucken

H

- ☐ Hafen
- ☐ Hahn
- ☐ Hass
- ☐ hastig
- ☐ hauchen
- ☐ Haut
- ☐ Heer
- ☐ heilen
- ☐ heiter
- ☐ hell
- ☐ hoch
- ☐ höchst
- ☐ Horn
- ☐ hübsch
- ☐ Hülle
- ☐ hundert

I

- ☐ informieren
- ☐ irgendwann

J

- ☐ jammern
- ☐ jederzeit
- ☐ jedoch
- ☐ jugendlich

K

- ☐ Kaiser
- ☐ Kammer
- ☐ kauen
- ☐ kaum
- ☐ Kerze
- ☐ Kirsche
- ☐ Kiste
- ☐ Klinik
- ☐ Kloster
- ☐ Knie
- ☐ knurren
- ☐ Konserve
- ☐ Kontinent
- ☐ kontrollieren
- ☐ konzentrieren
- ☐ Korn
- ☐ korrigieren
- ☐ kritisch
- ☐ Kummer
- ☐ Küste

L

- ☐ laden
- ☐ Lager
- ☐ langweilig
- ☐ lästig
- ☐ Leder
- ☐ leer
- ☐ Limonade
- ☐ loben

M

- ☐ Magen
- ☐ Mahl
- ☐ mal
- ☐ Mappe
- ☐ Material
- ☐ matt
- ☐ mechanisch
- ☐ Medizin
- ☐ mild
- ☐ mischen
- ☐ Moment
- ☐ Mond
- ☐ Moor
- ☐ Moos
- ☐ Mühle
- ☐ Münze
- ☐ Mund

N

- ☐ Nebel
- ☐ Neigung
- ☐ Nerven
- ☐ niedlich
- ☐ niedrig
- ☐ niedrigst

O

- ☐ Ofen
- ☐ opfern
- ☐ organisieren
- ☐ Osten

P

- [ ] paar
- [ ] Panzer
- [ ] Partei
- [ ] passieren
- [ ] Pech
- [ ] Person
- [ ] Pfanne
- [ ] Pfingsten
- [ ] pflücken
- [ ] Physik
- [ ] Plakat
- [ ] politisch
- [ ] praktisch
- [ ] Probe
- [ ] probieren
- [ ] protestieren
- [ ] Pullover

Qu

- [ ] quadratisch
- [ ] Qualität
- [ ] Quittung

R

- [ ] Rand
- [ ] rauben
- [ ] Raupe
- [ ] Recht
- [ ] reparieren
- [ ] Ritter
- [ ] Rohr
- [ ] Rundfunk

S

- [ ] Saat
- [ ] säen
- [ ] Saft
- [ ] Samen
- [ ] samt
- [ ] satt
- [ ] sauer
- [ ] schädlich
- [ ] Scherz
- [ ] Schicht
- [ ] Schirm
- [ ] schlank
- [ ] schleppen
- [ ] Schmetterling
- [ ] Schnauze
- [ ] Schnecke
- [ ] schnitzen
- [ ] schuld sein
- [ ] schwach
- [ ] Schwamm
- [ ] schweben
- [ ] Seele
- [ ] sehnen
- [ ] Sekunde
- [ ] siedeln
- [ ] Sofa
- [ ] sogar
- [ ] Sonntag
- [ ] sparen
- [ ] spazieren
- [ ] speziell
- [ ] spülen
- [ ] Stahl
- [ ] Stall
- [ ] stampfen
- [ ] ständig
- [ ] stechen
- [ ] Stängel
- [ ] Stiefel
- [ ] stolpern
- [ ] Strahl
- [ ] streben
- [ ] Streit
- [ ] streuen
- [ ] Strumpf
- [ ] studieren
- [ ] stumm
- [ ] Sumpf
- [ ] Suppe

T

- [ ] tanken
- [ ] Tante
- [ ] tauschen
- [ ] Tee
- [ ] Thermometer
- [ ] Tisch
- [ ] Ton
- [ ] traurig
- [ ] trüb
- [ ] Tür
- [ ] Turm

U

- [ ] Übel
- [ ] überhaupt
- [ ] überwinden
- [ ] übrig
- [ ] undurchdringlich

V

- [ ] vereinbaren
- [ ] Verfassung
- [ ] Vermögen
- [ ] verrichten
- [ ] versperren
- [ ] verwandeln
- [ ] verwandt
- [ ] verzichten
- [ ] Viertel
- [ ] Vitamin
- [ ] vorhanden
- [ ] vorläufig
- [ ] Vorrat

W

- [ ] Waage
- [ ] Wächter
- [ ] wagen
- [ ] Wall
- [ ] weigern
- [ ] Westen
- [ ] wohl
- [ ] Wolle
- [ ] wunderbar

Z

- [ ] zart
- [ ] zaubern
- [ ] Zitrone
- [ ] Zoll
- [ ] Zone
- [ ] zornig
- [ ] zufrieden
- [ ] zu Hause
- [ ] zwar
- [ ] zwölf

Erklärung der verwendeten grammatischen Fachbegriffe:

Vokal	=	Selbstlaut	Perfekt	=	vollendete Gegenwart
Konsonant	=	Mitlaut	Attribut	=	Beifügung
Nomen	=	Namenwort	Imperativ	=	Befehlsform
Verb	=	Zeitwort	Infinitiv	=	Grundform des Verbs
Adjektiv	=	Eigenschaftswort	Genitiv	=	2. Fall
Pronomen	=	Fürwort	Komparativ	=	Höherstufe (1. Steigerungsstufe)
Artikel	=	Geschlechtswort	Superlativ	=	Höchststufe (2. Steigerungsstufe)
Singular	=	Einzahl	maskulin	=	männlich
Plural	=	Mehrzahl	feminin	=	weiblich
Präsens	=	Gegenwart	neutral	=	sächlich
Präteritum	=	Vergangenheit			

Wortschatz der Arbeitshefte für die Jahrgangsstufen 1–5

A
ab
Abend
Abenteuer
aber
absichtlich
acht
achten
Acker
ahnen
ähnlich
aktiv
alle
allein
allerdings
allmählich
Alpen
als
also
alt
am
Ampel
Amt
an
andere
ändern
aneignen
anfangen
angeln
Angst
Anstrengung
antworten
Apfel
April
arbeiten
ärgern
arm
Arm
Art
Arzt
Ast
Atlas
atmen
auch
auf
Aufenthalt
Aufgabe
auflehnen
aufmerksam
aufräumen
aufwecken
Auge
August
aus
auseinander
Auskunft
außen
äußern
Auto
Axt

B
Bach
backen
baden
Bagger
Bahn
bald
Ball
Bank
Bart
Bauch
bauen
Baum
Bayern
bedauern
Bedeutung
Beere
befehlen
befördern
begegnen
Begeisterung
beginnen
begleiten
Behauptung
bei
beide
Bein
beinahe
Beispiel
beißen
bellen
beobachten
bequem
bereiten
bereits
Berg
berichten
Beruf
berühmt
beschäftigen
Bescheid
beschränken
besichtigen
besonders
besser
bestimmt
beten
betrachten
Bett
Beute
bevor
bewegen
beweisen
bewerben
bewundern
Bezirk
biegen
bieten
Bild
billig
bin
binden
Birne
bis
bisschen
bist
bitten
bitter
Blatt
blau
bleiben
blicken
blind
Blitz
Block
bloß
blühen
Blume
bluten
Boden
bohren
Boot
böse
boxen
brauchen
braun
brausen
brav
brechen
bremsen
brennen
Brett
Brief
Brille
bringen
Brot
Brücke
Bruder
brummen
brüten
Buch
bücken
bunt
Burg
Büro
Bus
Butter

C
Christ

D
da
danken
dann
daran
darauf
darin
darüber
darum
das/dass
dauern
Decke
dehnen
dein
dem
den
denken
der
des
deutlich
deutsch
Dezember
dich
dicht
dick
die
Dieb
dienen
Dienstag
dies
Diktat
dir
direkt
doch
Doktor
donnern
doppelt
Dorf
dort
Draht
drängen
draußen
dreckig
drehen
drei
drohen
drücken
du
dumm
dunkel
durch
dürfen

E
ebenso
echt
Ecke
Ehe
eher
Ehre
eifrig
Eigenschaft
eigentlich
eilen
ein
eindringen
eine
einem
einen
eines
einfach
einmal
einpacken
Einrichtung
eins
einzeln
einzig
Eis
Eisen
Eltern
empfangen
empfehlen
empfinden
Ende
eng
Englisch
Ente
entdecken
Entfernung
entgegen
entscheiden
enttäuscht
er
erben
Erde
Ereignis
Erfolg
erinnern
erklären
erlauben
Erlebnis
ernten
erobern
erreichen
erschüttern
erst
ersticken
erwerben
erwidern
erzählen
Erzeugnis
es
essen
etwas
euch
euer
Europa
ewig
extra

F
Fabrik
Fach
fähig
Fahne
fahren
fallen
falsch
Familie
Farbe
Fass
fassen
fast
faul
Februar
fehlen
Fehler
feiern
fein
Feind
Feld
Fels
Fenster
Ferien
fertig
fest
Fest
fett
feucht
Feuer
Fichte
Film
finden
Finger
Fisch
Fläche
Flasche
Fleisch
Fleiß
flicken
fliegen
fliehen
fließen
flitzen
Flügel
Fluss
flüstern
folgen
fordern
Form
forschen
fort
Foto
fragen
Frau
frech
frei
fremd
fressen
freuen
Freund
Frieden
frieren
frisch
fröhlich
fruchtbar
früh
Frühling
Fuchs
fühlen
führen
füllen
fünf
für

fürchten
Fuß
Futter

G
ganz
Garten
Gasse
Gast
Gebäude
geben
Gebiet
Gebirge
Geburt
Gedächtnis
Gedanke
Geduld
Gefahr
gegen
Gegend
Gegenwart
geheim
gehen
Geist
gelb
Geld
gelingen
gelten
gemeinsam
Gemüse
gemütlich
genau
genießen
genügend
gerade
gering
gerne
Geschäft
geschehen
gescheit
Geschichte
Geschwindigkeit
Gesetz
Gesicht
gestern
gesund
Getreide
Gewalt
gewandt
Gewicht
gewinnen
Gewitter
gewöhnlich
gießen
Gift
giftig
Gipfel
glänzen
glatt
glauben
gleich
Glocke
Glück
glühen
Gold
Gott
graben
Gras
greifen
Grenze
groß
grün
gründen
gründlich
Gruppen
grüßen
Gummi
gut

H
Haar
haben
Haken
halb
halten
Hals
Hammer
Hand
Handel
hängen
hart
Hase
hat
hatte
Haufen
häufig
Haupt
Haus
heben
Heft
heftig
heimisch
heiraten
heiß
heißen
heizen
helfen
her
Herbst
Herr
herrschen
Herz
hetzen
heulen
heute
Hexe
hier
Himmel
hin
Hitze
hocken
Hof
hoffen
höflich
Höhle
holen
Holz
Honig
hören
Hose
Hotel
Hund
Hunger
hüpfen
Hütte

I
ich
Idee
Igel
ihm
ihn
ihnen
ihr
ihre
im
immer
impfen
in
Industrie
innen
ins
Insekt
Insel
interessant
irren
ist

J
ja
Jacke
jagen
Jahr
Januar
jeder
jemand
jetzt
jubeln
Jugend
Juli
jung
Juni

K
Kaffee
Käfig
kahl
Kahn
kalt
Kamm
Kampf
kann
Kanne
Karte
Kartoffel
Käse
Kasse
Katze
kaufen
kein
Keller
kennen
Kette
keuchen
kichern
Kiefer
Kies
Kilometer
Kind
Kino
Kirche
Kissen
klagen
klar
Klasse
kleben
Kleid
klein
klettern
klingeln
klingen
klopfen
klug
knallen
knicken
Knochen
Knopf
kochen
Koffer
Kohle
komisch
kommen
König
können
Kopf
Körper
kosten
krachen
kräftig
Kran
krank
kratzen
Kreis
Kreuz
kriechen
Krieg
Küche
Kugel
Kuh
kühl
Kunde
Kunst
Kurve
kurz
Kuss

L
lachen
Lampe
Land
lang
langsam
Lärm
lassen
Laub
laufen
laut
Leben
legen
Lehrer
leicht
leiden
leise
leisten
leiten
lenken
lernen
lesen
leuchten
Leute
Lexikon
Licht
lieben
Lied
liefern
liegen
links
Liter
Loch
locken
locker
Löffel
Lohn
los
löschen
Lösung
Lücke
Luft
lügen
Lunge
lustig

M
machen
Macht
Mädchen
mähen
mahlen
mahnen
Mai
malen
man
manchmal
Mann
Mantel
Mark
Marke
Markt
marschieren
März
Maschine
Maß
Masse
Mauer
Maus
Meer
Mehl
mehr
meiden
mein
meinen
meist
melden
Menge
Mensch
merken
messen
Messer
Metall
Meter
Metzger
mich
Mieter
Milch
Million
mindestens
Minute
mir
misslingen
mit
miteinander
Mittag
Mitte
mixen
Möbel
modern
mögen
Möglichkeit
Monat
morgen
Motor
müde
Mühe
Müll
München
munter
Museum
Musik
müssen
mutig
Mutter
Mütze

N
nach
Nachbar
Nacht
nackt
Nadel
nah
nähen
Nahrung
Name
nämlich
Nase
nass
Natur
neben
nehmen
nein
nennen
Nest
nett
Netz

neu
neugierig
neun
nicht
nichts
nie
nieder
niemals
niemand
nirgends
noch
Norden
normal
Not
Note
notwendig
November
Nummer
nun
nur
Nuss
nützen

O
ob
oben
Obst
obwohl
oder
offen
oft
ohne
Ohr
Oktober
Omnibus
Onkel
ordnen
Organ
Ort
Ostern
Ozean

P
Päckchen
packen
Paket
Papier
parken
Partner
Pass
passen
Pausen
pfeifen
Pfennig
Pferd
pflanzen
pflegen
Pflicht
Pfund
Pfütze
Pilz
Pinsel
Plan
Platz/platzieren
plötzlich
Polizist
Post
Praxis
Preis
Priester
privat
Problem
Programm
Prüfung
Punkt
Puppe
putzen

Q
quälen
Quark
Quelle

R
Rad
Rakete
rasch
raten
rauchen
rau
Raum
rechnen
rechts
rẹden
Regel
regen
Regen
Regierung
reiben
reich
reif
Reihe
rein
reisen
reißen
reiten
reizen
Religion
rennen
Republik
Rest
retten
richtig
riechen
riesig
Rind
Ring
Riss
Rock
roh
rollen
Rose
rosten
rot
rücken
Rücken
rudern
rufen
Ruhe
rühren
rund
rutschen

S
Sache
Sack
sagen
Salat
Salz
sammeln
Sand
Satz
sauber
Säugetier
Schaden
schaffen
Schale
schämen
scharf
Schatten
schätzen
schauen
Schaukel
scheinen
schenken
Schere
scheu
Schi
schicken
Schicksal
schieben
schief
schießen
Schiff
Schild
schimpfen
schlafen
schlagen
Schlamm
Schlange
schlecht
schleichen
schleifen
schleudern
schließen
schlimm
Schlitten
Schloss
schlucken
schlüpfen
Schlüssel
schmal
schmecken
schmelzen
Schmerz
schmücken
Schmutz
Schnabel
Schnee
schneiden
schnell
Schokolade
schön
schonen
schöpfen
schrecklich
schreiben
schreien
Schrift
Schritt
schüchtern
Schuh
Schule
Schulter
Schürze
Schüssel
schütteln
schütten
schützen
Schwanz
schwarz
schweigen
Schwein
schwer
Schwester
schwierig
schwimmen
schwitzen
sechs
See
sehen
sehr
seid
Seife
Seil
sein
seine
seiner
seit
Seite
selber
selbst
selten
senden
September
Sessel
setzen
sich
sicher
sichtbar
sie
sieben
siegen
sind
singen
sinken
Sinn
Situation
sitzen
so
sofort
Sohn
solche
sollen
Sommer
sondern
Sonne
sonst
sorgen
Spalt
Spannung
Spaß
spät
Speise
Spiegel
spielen
Spitze
Sport
spotten
sprechen
sprengen
springen
spritzen
Spur
spüren
Staat
Stab
Stadt
Stamm
stark
starten
Stätte
staunen
stecken
stehlen
steigen
steil
Stein
stellen
sterben
Stern
Steuer
Stiel
still
stimmen
Stirn
Stoff
stolz
stören
stoßen
Strafe
Strand
Straße
Strauß
Strecke
streicheln
streng
stricken
Stroh
Strom
Stück
Stuhl
stumpf
Stunde
stürmen
stürzen
stützen
suchen
Süden
süß

T
Tafel
Tag
Tal
Tanne
tanzen
tapfer
Tasche
Tasse
Tätigkeit
tauchen
tauen
tausend
Taxi
technisch
teilen
Telefon
Teller
Temperatur
Teppich
teuer
Text
Theater
tief
Tier
Tochter
tödlich
toll
Tomate
tot
tragen
trainieren
Träne
trauen
Traum
treffen
treiben
trennen
Treppe
treten
treu
trinken
trocken
tropfen
trotzdem
tüchtig
tun
turnen
Tüte
typisch

U
üben
über
überall
überqueren
überwachen
Ufer
Uhr
um
Umgebung
umkehren
und
ungefähr

uns
unser
unter
Unterkunft
Unterricht
unterscheiden
Urlaub
Ursache
urteilen

V
Vase
Vater
verbieten
verbreiten
Verdacht
Vergangenheit
vergessen
Vergnügen
verhindern
Verkehr
verlangen
verletzen
verlieren
vermissen
vermuten
vernünftig
versäumen
verschieden
verschwinden
verständigen
verstehen
verteidigen
verwickeln
Verzeichnis
Vieh
viel
vielleicht
vier
Vogel
Volk
voll
vom
von
vor
vorsichtig

W
wachsen
Waffe
Wagen
wählen
wahr
während
wahrscheinlich
Wald
wälzen
wandern
war
Ware
Wärme
warnen
warten
was
waschen
Wasser
wechseln
weder
Weg
wegen
wehren
weich
Weihnachten
weil
Wein
weinen
weiß
weit
Weizen
welche
Welle
Welt
wem
wenden
wenig
wenn
wer
werden
werfen
Werkzeug
wert
wetten
Wetter
wichtig
widerstehen
wie
wieder
wiegen
Wiese
wild
Wind
Winter
wir
wird
wirken
wirksam
Wirtschaft
wissen
wo
Woche
Wohnung
Wolke
wollen
Wort
wühlen
Wunde
wünschen
würdig
Würfel
Wurm
Wurst
Wurzel
Wut

Z
zäh
Zahl
zahlen
Zahn
zehn
Zeichen
zeichnen
zeigen
Zeit
Zeitung
Zelt
Zentner
Zentrum
Zettel
zeugen
Zeugnis
ziehen
Ziel
ziemlich
Zimmer
zittern
Zoo
zu
Zucker
zufällig
Zug
Zukunft
zuletzt
zum
zunächst
Zunge
zur
zurück
zusammen
zusätzlich
Zweck
zwei
Zweifel
zwingen
zwischen